丹尼尔·平克
Daniel H. Pink

GPT时代的“哥白尼”

从美国政府要员的助手，到超级商业思想家

1964 年，丹尼尔 · 平克出生于美国俄亥俄州的一个小镇。高中毕业后，他考入美国西北大学，就读文学专业，加入了蜚声国际的美国大学优等生荣誉学会，获得了杜鲁门学者奖。后来，他又考取了耶鲁大学法学博士学位，在校期间，担任《耶鲁法律政策评论》主编。

从法学院毕业后，平克并没有选择成为律师，而是进入美国政府工作。最初，他担任美国劳工部时任部长罗伯特 · 赖克的助手。没想到，就在前途一片光明的时候，丹尼尔 · 平克辞职了。

一方面，这份令很多人羡慕的工作，让他产生了困惑。他被日复一日的办公室政治所困，没有那种真正在做事情的快感。他想要拥有更多的自主权，不想再按部就班地工作。

另一方面，他提前感知到了传统的雇佣关系和工作模式正在被打破，将有越来越多的人开始寻求更加自主和灵活的工作方式。

于是，他成为一个自由工作者，专注于研究如何运用行为科学和社会科学的研究成果解决商业领域中的实际问题。

致力于以科学的工具，指导人们更好地工作和生活

凭借着对商业领域的敏锐洞察力，平克不断突破传统理念的限制，以前瞻性的探索和思考引领人们走在时代的最前沿，逐渐成为美国 CNN、CNBC、ABC、NPR 等全球著名媒体的商业趋势分析专家。每年，他都在世界各地的企业、协会和大学就未来经济发展的新方向发表演讲。

他还出版了多本畅销多年的获奖图书，包括《驱动力》《全新销售》《全新思维》等。这些著作被翻译成 40 多种语言，在全球售出数百万册。几乎每一部作品，都颠覆了人们的一种传统认知，开创了一个全新的时代。

《全新思维》开启了右脑革命的新时代;《驱动力》爆炸性地颠覆了传统激励理论;《全新销售》从认知科学出发，提出了高成交率的方法论;《憾动力》运用社会心理学、神经科学和生物学的前沿成果，颠覆“不要后悔”的人生观。

平克掀起的商业思维变革的飓风，给这个不断变化的 21 世纪，深深地打下了他的思想烙印。2011 年到 2017 年，他 4 次入选“全球 50 位最具影响力的商业思想家”榜单，《财富》杂志赞誉他是“最睿智的思想者”。

洞察未来的思想拓荒者

Chat GPT 的横空出世代表人工智能技术步入新的阶段，人工智能的进步既创造了惊喜，也引发了人们对人工智能取代人类的焦虑和恐惧。早在 2005 年，丹尼尔 · 平克就开始致力于研究人类无法被机器取代的那些独特能力与特质。

在《全新思维》中，平克就提出，未来需要的是更感性、更富创意的“右脑人”，而不是理性的“左脑人”。在《驱动力》中，平克提出必须激发人的内在驱动力，才有可能令他们发挥出超常能力，解决看似不可能解决的问题。在《全新销售》中，他又率先提出，销售是所有人在任何时代都必须掌握的技能。在新作《憾动力》中，他关注遗憾这种人类特有的情感，给出了善用遗憾解决问题的方法。

毫无疑问，平克在这几本书中提出的观点，成为我们应对人工智能冲击的有力武器。他为我们提供了有实践意义的指导，更为人类应对 GPT 时代提供了具有深远意义的思考。 著名管理学大师汤姆 · 彼得斯盛赞丹尼尔 · 平克是新时代的“哥白尼”。

平克，这位从白宫走出的商业思想家，他的思想跨越时间，持续迸发出智慧的光芒。他不仅是 21 世纪商业思潮的拓荒者，更是 21 世纪管理思想的引路人。

湛庐CHEERS

与最聪明的人共同进化

HERE COMES EVERYBODY

CHEERS
湛庐

全新销售

[美] 丹尼尔·平克 著 Daniel H. Pink

阎佳 译

To Sell is Human

中国财经出版传媒集团
中国财政经济出版社
北京

测一测

你了解新式销售吗？

扫码加入书架
领取阅读激励

- 即便是经济大衰退，销售的岗位也从没受过影响，这是真的吗？（ ）

  A. 真

  B. 假

扫码获取全部测试题及答案，一起了解如何成为全新销售的艺术大师

- 不管从事什么职业，人人都在做销售。对这句话更准确的解释是——（ ）

  A. 每个人都有潜力成为销售

  B. 每个人都需要学习销售的技巧

  C. 每个人都在工作中说服、影响并打动他人

  D. 每个人都渴望成为销售

- 在信息不对称的世界，指导原则是——（ ）；在信息对称的世界里，指导原则变成了——（ ）

  A. 买家谨慎；卖家谨慎

  B. 卖家谨慎；买家谨慎

扫描左侧二维码查看本书更多测试题

阿瑟·米勒

美国最杰出的剧作家，代表作《推销员之死》

你在这个世界上唯一拥有的便是你可以兜售的东西。但值得玩味的是，你明明是个推销员，自己却浑然不知。

用全新思维决胜未来

非常荣幸有机会向你们介绍丹尼尔·平克四部曲:《全新思维》《驱动力》《全新销售》《憾动力》。

感谢湛庐多年来对我的作品在中国出版的支持，将这个系列呈献给众多重要的读者。也要感谢你们对这四本书的兴趣和关注。虽然我是在与你们相隔万里的美国华盛顿的办公室里写下的这封信，但我衷心希望可以将我的想法传达给你们，并对你们有所帮助。

乍看之下，这四本书似乎以完全不同的方式探讨了截然不同的主题。《全新思维》已经出版近 20 年，它探讨了那些经常被忽视、低估的能力，我将它们称为“高概念”和“高感性”能力，如艺术创作能力、共情能力、发明创造能力及全局思维能力，这些能力的重要性正与日俱增。《驱动力》审视了人类的动机，我在书中指出，人们对动机的许多看法都是错误的。高绩效和高满足感的秘密在于我们对主导自己的生活、学习和创造新事物，以及让自己和周围世界变得更好的深层需求。《全新销售》为我们了解销售的艺术和技巧提供了一个新的视角。如今，在中国和世界其他地区，人们从事销售的频率已经远远超出我们的想象。而《憾动力》提出了一个反直觉的观点：后悔和遗憾虽然让我们痛苦，但却是我们不可或缺的情感。它帮助我们做出更明智的决定，让我们表现得更好、生活得更有意义。

跟随科学指引，找到未来的方向

尽管从表面上看，这四本书各有差异，但有几个共同点将它们串联在一起。

首先，我们关于工作、商业乃至人类生存条件的许多观点和做法都已过时。它们要么建立在错误的假设之上，要么是为过去的世界而设计的。结果是，现有的个人和组织的运作规则已经陈旧，所依赖的环境也不再反映实际情况，这是一个难以应对的挑战。人类常常被所谓的对“现状”的偏见左右，相信目前存在的一切是自然形成且理想的。但使个人和社会蓬勃发展的方法，正是挑战这种偏见、坚持不懈地审视我们的假设，并用全新的、批判性的眼光看待当下。这四本书都试图做到这一点。

其次，这四本书揭示的第二个共同点是：科学可以为未来指明道路。神话、传统观念和民间传说塑造了我们的假设，指引着我们的行为。但科学揭示的真理比神话、传统观念和民间传说更加实用且引人入胜。当我们花费大量时间深入研究时，常常会有惊人的发现。虽然这些发现有时不太寻常，但它们总能带来启发。当然，科学并不完美，探索永无止境，但只要跟随数据指引的方向，科学就是理解世界运作方式的系统方法，远比那些惯例、传说和僵化的范例要可靠、有趣得多。

这也引出了这四本书的第三个共同点。虽然科学确实可以帮助我们了解世界是如何运作的，但我们必须更进一步，将这些知识应用到个人生活中。仅从概念层面掌握有关动机、销售和决策的科学知识是不够的，还需要将这些见解转化为实用工具、具体策略和可操作的建议，供每个人在日常生活中运用。这个系列的每一本书都旨在为你提供科学方法，让你能够更高效地工作，表现更出色，过上更充实的生活。在书中，你会发现许多实用技巧，这些技巧都是我从世界各地的研究亮点中提炼出来的。我一直希望能够写出一本书，既包含有深度的观点和想法，又能提供根植于这些观点和想法的建议。这也是我想读的那种书。我相信我做到了。

最后，这四本书还有一个最重要、也许也是最简单的共同点：要想掌控未来，最好的方法就是了解人类得以永恒的本质。我在每本书的开头都描述了世界正在发生的变化：世界正朝着更加富裕和自动化的方向发展，人们更具创业精神，劳动力市场更有弹性。我们可以更广泛地获取信息，做出选择和接受教育。最近，人工智能的兴起颠覆了人们长期以来对未来生活和经济发展的诸多看法。从复杂的计算到语音识别，从玩策略游戏到创作儿歌，当计算机在许多领域都超越人类时，它迫使我们重新思考一些基本问题：我们是谁？人类究竟有什么特别之处？

彰显属于你的独特能力

这些基本问题引出了这个系列的核心观点：即使科技改写了规则，人类行为的基本原则和人类本身仍然是经久不衰的。正如我在《全新思维》中所写的那样，即使以受过良好教育的信息操作员和专业人士为代表的“知识工作者”的时代即将过去，在人工智能时代，其他深层次的人类能力也将占上风，“我们曾经蔑视或认为无足轻重的能力，即‘右脑’的创造力、共情力、娱乐感和意义感，将越来越能决定谁会蒸蒸日上，谁将举步维艰”。同样，在《驱动力》中，我指出，关于人类动机的科学研究已经证实那些古老的智慧：激励我们把工作做到最好、过上满意生活的，是我们想要掌握生活的主导权、在重要的事情上做得更好、实现自我价值的深层欲望。

因此，在这个时代，当许多与“思考”有关的任务都可以外包给大型语言模型和其他人工智能工具时，**想要对未来做出最明确的指导，就需要辨别什么是不可替代的人类能力**。机器或许可以诊断某些疾病或驾驶某种汽车，但它们无法安慰、温暖他人，与他人共情。正因如此，在《全新销售》中，我建议，无论你是上海的企业家，还是芝加哥的销售人员，都应该培养三项基本素质：内外和谐、情绪浮力和头脑清晰。这也解释了为什么在《憾动力》中，我认为遗憾这一人类误解最深的情感应该成为指导我们生活、做出关键选择的重要组成部分。几十年来，中国经历了令人惊叹的技术进步和经济增长，随着人工智能和自动化重塑商业的逻辑，“是什么让我们成为人”的问题将变得更加紧迫和重要。

无论何时，个人和社会进步的最佳途径都是投资、培养人类的独特能力并加以运用。如果能在这些方面为你提供指导，哪怕只有很小的帮助，我也将深感欣慰。

再次感谢湛庐，也非常感谢你们能够打开书页，与我一起踏上这段旅程。我希望这个系列不仅能为你们提供信息、激发灵感，还能为我们架起一座桥梁，通过传递共同的想法和愿望，拉近彼此的距离。

丹尼尔·平克

读懂全新销售，掌握说服人心的艺术

张坚
思科公司中国区原副总裁
中国惠普政府事业部原总经理

当听到湛庐文化要再版丹尼尔·平克的《全新销售》的消息时，我兴奋不已，因为我授课时总会引用此书当中的观点，并建议学生们好好阅读。作为全球50位最具影响力的商业思想家之一的丹尼尔·平克，实际上是以一个非“销售”的视角写了一本有关全新销售的书。他的观点和视角都很新颖、独特，即使我作为多年从事大客户销售和管理工作的老兵，以及从事大客户营销与销售培训的老师，也因为他的书更新了认知，有了很多新的想法，受益匪浅。

我是一名理工男，所学的专业是自动化。1995年加入惠普公司开始大客户销售生涯，之前曾经在国企“中石化”做过科研，在外企做过技术服务；曾在中国惠普任政府事业部总经理，行业销售总经理和惠普商学院校董，后来出任过民企CEO和思科中国区副总裁。作为一个销售行业的老兵和在国企、外企、民企都工作过的“三栖动物”，同时又在清华大学、北京大学和著名培训机构担任授课老师，我谈一谈自己读过这本书之后的收获。

人人都是销售

当今的世界在飞速地变化，从以互联网为代表的数字经济时代，到GPT时代，销售会减少吗？会受到影响吗？现实就像丹尼尔·平克在书中所提到的，在当今时代，销售工作不但没有减少，反而越来越多，且越来越受到企业和企业家重视。这些年我在课堂上的开场白中都会提到丹尼尔·平克，用他在这本书中的新观点整理和端正大家对销售的认知。这本书的亮点就像其中文名“全新销售”一样，是平克以一种独特的视角在看待销售。我在上课时也经常问：如果提到销售，你马上联想到的几个词是什么？学生们都会说：卖东西的，辛苦；纠缠，死缠烂打；老王卖瓜，自卖自夸；不择手段的骗子，不靠谱，不值得信任；求着别人、取悦别人、恭维别人，低人一等……其实这些都是对销售的误解，是20世纪的老观点。

什么是销售？未来的销售应该是什么样的呢？丹尼尔·平克在《全新销售》中提出，销售是为客户创造价值，帮助客户成功的；是为了帮助客户了解更好的产品，了解更好的方案，帮助客户实现他的愿望。而且销售就是在做3件事：说服、影响并打动他人。我会从这点展开论述，而且还会谈到这本书的英文名字*To Sell Is Human*，即“人人都是销售”，在这点上我也深有体会，因为无论你做什么事情都离不开销售。丹尼尔·平克做了大量的调研和实验，他发现每个人大约会花40%的工作时间来说服、影响、打动他人。所以严格地说，人人都是销售，由此可见销售的重要。

我今年做的两个项目都验证了这一点。第一个是我接受的邀请：中国科学院空间应用工程与技术中心请我去讲课。这里都是负责探索空间的科学家，空间站宇航员所做的科研都由他们设计、指导和协调。科学家为什么要请我去讲销售课呢？其实他们学的就是沟通。这次和他们交流的题目是：价值导向的高效沟通方法——向优秀的销售学习沟通。所以说沟通无处不在，每个人在工作中都需要说服、影响和打动他人，科学家也不例外，而且更需要高效沟通。那次去讲课的经历真是让我大开眼界，我参观了 1 ∶ 1 大小的中国空间站模拟设施，又在中央控制中心与中国空间站太空中的三位宇航员实时面对面。而且那次交流的效果非常很好，他们说这是一次全球首创的管理案例，是优秀销售思想与太空创新协同的碰撞。

另一个案例是和毕马威（KPMG）的合作。毕马威是全球顶级的会计专业服务机构，专门提供审计、税务和咨询服务。今年他们请我与资深的审计、税务和咨询专家们交流，希望让这些专家提高沟通的技巧。毕马威的目标也是向优秀的销售学习如何沟通。所以这两个案例就告诉我们，正如丹尼尔·平克在书中所说：销售无处不在，无论你做什么工作都离不开销售。特别是在 GPT 时代，拥有处理复杂人际关系能力和强创造力的岗位，要相对安全得多，批判思维、同理心、领导力、创造幸福感等能力，是 AI 很难取代人的方面。

优秀的销售不一定是外向型人格

作为一名有近 30 年大客户销售经验的老兵，我在读这本书的时候感受很深，有很多的观点和见解与我在实际工作中的真实体验遥相呼应。这本书阐述了老式销售的 ABC 和新销售的 ABC 新三样，其中

A——Attunement（内外和谐）中讲到的同理心，让我印象极为深刻，特别是书中列举的相关实验。我上课时也经常引用“出售”加油站的谈判实验案例。共情是走心，换位思考是走脑，哪个更重要呢？丹尼尔·平克用实验告诉我们，走脑比走心更重要。书中另一个观点是：外向的人不一定是最优秀的销售。大量的调查分析显示：外向性格对销售业绩没有帮助。这个观点颠覆了许多人的认知，但是我非常认同，因为我就是一个内向的人，而且业绩一直非常好。我身边许多优秀的销售都不是很外向的人。所以，不要给自己贴上“社恐”的标签，给自己设限。

读懂销售，更要读懂人性

丹尼尔·平克真不愧是当今全球50位最具影响力的商业思想家之一，他4次获此殊荣。他说：“当今时代，无论你以何种方式谋生都是在销售。”所以无论你是从事销售工作，还是非销售的销售，你都有必要来读这本书。销售不是卖东西，而是人的天性，是人之常情，绝不是狼性。在生活、工作中我们需要去说服、影响和打动别人。这本书不仅是一本关于销售的书，更是一本关于读懂人性的好书。这本书读起来不枯燥，既有理论，还有大量的案例和实践。书中一共有3大部分，第一部分提出了什么是销售，让我们对销售的认知有所反思。第二部分则提出了打动人最可贵的3大素质。第三部分主要讲了如何去做、如何进行全新销售实践。

书中值得我们思考、品悟的要点和金句不胜枚举，只有深度阅读才能完整体会，如果你也想拥有卓越的沟通力、说服力和影响力，那么这本书将成为你的不二之选。

开启未来销售新时代

首先，我要感谢你拿起这本《全新销售》。当你开始翻阅这篇中文版序时，就意味着我的工作已经完成了一部分。当然，并非全部。

如果你正在书店里捧着这本书，琢磨着要不要买它，那么，我必须说服你买下来。如果你已经买了，那么，我必须说服你把后面的内容真的读完。换句话说，这篇中文版序就是一次有关销售的说服，至少有一部分是。而这，正是本书的核心。

TO SELL IS HUMAN
中文版序

当今时代，无论你以何种方式谋生，都是在销售。无论你是在中国、美国，还是世界其他任何地方工作，都有可能投入相当大的一部分时间来尝试说服他人。你可能真的在卖东西，如说服顾客办理移动电话业务、购买化妆品或者批发海鲜。事实上，放眼全球，从波士顿到巴塞罗那再到北京，大约有 10% ～ 15% 的人靠卖东西为生，但你也可能在从事广义上的销售工作。[①]

比如，在这个星期的某个时候，你是否

① 全书描述的时间均以该书 2012 年的出版时间为准。——编者注

曾尝试说服一位董事或员工去做一件不同的事情，或是以不同于以往的方法去做同一件事呢？这就是销售。如果你是一位企业家，最近是否在努力延揽人才到你的初创公司工作呢？这同样是销售。

在这两个例子中，你在促成交换，即用你拥有的东西，换取别人拥有的东西。这是销售，但又略有不同，因为过程中没有金钱的往来，交易不以人民币、美元或欧元计价，而是以其他单位（多为无形的东西）计价，如时间、精力、注意力和能量。人们的时间，正越来越多地以这种方式被消耗掉，尤其是在中国这个白领队伍不断壮大的地方。

麻烦的是，很多人对这一现实心存抗拒，他们认为销售是两面三刀、杀人不见血的狡猾行当。尽管可以理解，但这种销售观如今已然过时。就在前几年，销售这一行为仍然是在信息不对称的环境下进行的，不管是卖自行车、兜售想法，还是自我推销求职，卖家所知的总是比买家要多。卖家拥有巨大的信息优势，而买家又没有太多选择，也没有有效的还击途径，那么卖家自然会占上风、耍手段。我们之所以恪守“买家谨慎”的原则，原因就在于这种不平衡。

但在过去 10 年中，在世界的大部分地区，曾经对销售行为起决定性影响的信息不对称逐渐消失了。越来越多的交易，不管是销售产品、服务，还是在广义上打动他人的“非销售的销售”（non-sales selling），都开始以信息对称来定义。今天的买家和卖家大多有着平等的信息获取途径，一切由此改变。

今天，买家无论要购买什么，总有大量选择，还有很多有效的还击途径，他们掌握的信息和卖家一样多，所以“卖家谨慎”成了卖家需要秉持的销售原则。如果想存活下来，卖家必须更诚实、更开放、更透明。一如我为本书所做的调查，也一如世界各地读者给予我的反馈，在遵循“卖家谨慎”原则的世界里销售，完全有别于在遵循“买家谨慎”原则的世界里销售。它要求我们具备完全不同的素质，掌握不同的技能。这也为中国提出了双重挑战。

- 首先，和美国、澳大利亚、阿根廷等地的人们一样，中国的白领群体也必须发展、打磨出一套全新的技能（你会在本书的第 4 章到第 9 章中找到对这些技能的说明，以及帮助你提高的一系列工具、技巧和练习方法）。
- 其次，信息的开放、透明，不仅在人类层面上，更在经济层面上成为社会进步的基础。从长远来看，卖家抗拒信息对称这一必然的潮流是徒劳无益的。选择透明，放弃遮掩，公开信息，驾驭这股浪潮，才是通往繁荣最可靠的方法。

中国有着悠久而令人印象深刻的贸易文化，放眼几千年悠悠历史，中国人民表现出强烈的工作意愿，人们勤勉不懈，努力适应环境变化。我希望本书能对中国读者在今天的销售新天地里纵横驰骋有所助益。

关于这一点，请让我对如何阅读本书再稍做说明。本书第一部分勾勒出一个普适的论点：无论我们喜欢与否，如今所有人都在销售，而销售也已不再是过去的销售。本书这一部分内容主要以美国为例，但你在阅读时不妨问问自己：这些概念该怎样适用于中国的经济环境？本书描述的经济力量与中国有哪些不同？又有哪些相同之处？这在将来又意味着什么？

本书第二部分介绍了在“卖家谨慎”的局面之下，有效打动他人必备的 3 项基本素质。我希望各位读者仔细阅读第 4 章，因为换位思考、理解他人利益、寻找共性的能力，已成为当今商业世界里人们最应具备的素质。

在本书的第三部分，你会看到 3 种更具技巧性的能力，它们决定了销售的成败。这里，我建议你对第 9 章投入更多的时间和精力，尤其是“使之切身”“使之有意义”这两点。我在世界各地观察到的最令人兴奋的发展趋势之一，就是“服务”已日益转变为经济生活的中心。正如我在第 9 章中所述，40 年前，美国管理思想家罗伯特·格林里夫（Robert Greenleaf）提出了“服务型领导力”的概念，他大胆且富有洞察力地颠覆了传统的组织金字塔，认为领导者应该在组织层级的最底部。有些人很难理解这一点，但有的公司高层已经开始慢慢接受并认同格林里夫的观点：领导者应该先服务，再领导。服务的意愿为领导提供了合理的根基，格林里夫的理念也成为过去 50 年管理理论中最受人尊敬的观点之一。

如今，销售领域也正处在这样的关键时刻。今天，最富成效的产品、服务和创意卖家，无不把自己看成服务人员。他们首先提供服务，然后再销售，因为服务给了他们销售的合理根基。中国，是时候打开这扇推进“服务型销售”的历史机遇之门了！

最后，要感谢各位读者给我这个绝佳的机会介绍这些想法。希望在通往全新销售的道路上，本书能与你一路相伴，对你有所帮助。为你服务，是我的荣幸！

丹尼尔·平克

成为全新销售的艺术大师

大约一年前的某一天，我决心反省自己拖拖拉拉的老毛病，研究一下自己是怎么用掉时间的。我打开笔记本电脑，点开了精心同步的、带颜色标记的日程表，努力回想自己在前两个星期里做了什么。我把参加过的会议、出过的差、就过的餐、苦熬过的电话会谈一一分类；试着把读过的文章、看过的视频以及所有和家人、朋友、同事的面对面交谈都罗列出来；接着，我又检查了这两个星期里所有的线上活动：发了 772 封邮件、86 条推文、12 条短信，写了 4 篇博客帖子。

我抽身出来，去评估这堆乱麻般的信息，它们就像一幅点彩派①风格的肖像画，勾勒出我是做什么的，进而也在某种意义上勾勒出我是谁。跳出来的画面让我大吃一惊：我竟然是个销售人员。

我并不在汽车经销店里卖小货车，也不在一间间诊疗室里穿梭着向医生兜售降胆固醇的药物，

① 点彩派，即新印象画派，是 19 世纪末从印象画派发展而来的法国画派。这一画派的画家们不用轮廓线条划分形象，而是用点状的小笔触，通过合乎科学的光色规律的并置，让无数小色点在观者视觉中混合，从而构成色点组成的形象。——译者注

但事实证明，除去睡觉、运动和个人清洁卫生活动，我花了相当多的时间在劝诱他人割舍自己的资源。当然了，有时候还会劝诱人们买我写的书。但我做的大部分事情，并不直接收取现金。

> 在我所回想的那两个星期里，我下功夫说服了一名杂志编辑放弃一个无聊的新闻构想；劝说一位潜在的业务合作伙伴与我联手，让一家我所效力的组织改变战略；我甚至还打动了一家航空公司的票务代理，帮我把靠窗的座位换成了靠过道的。

事实上，绝大多数时间里，我都在寻找金钱以外的资源。我能让陌生人读完一篇文章吗？能让老朋友帮我解决难题吗？能让我 9 岁的儿子打完棒球去洗澡吗？

而你跟我大概也没有什么不同。深入挖掘你自己的日程表里的细小项目，分析其根源，我猜你也会有类似的发现。毫无疑问，许多像你一样的人的确在销售，例如，说服现有的主顾和新的潜在客户购买意外伤害保险、接受咨询服务，或者在农贸市场上买下你的自制馅饼。尽管你们自己并未意识到，但所有人可能都花了大量时间进行广义上的销售活动，如劝说同事、说服出资者、哄逗孩子。不管你喜欢与否，总之，我们所有人都在做销售。

大多数人听到上述观点，想必都不会太喜欢。

销售？嘶……倒抽一口凉气。对聪明人来说，销售并不需要多少智慧，它适合那些穿着铮亮皮鞋、面带微笑，一辈子都靠狡猾讨生活的小子来干。对其他人而言，销售是滑头的人做滑头的事，只有好耍花招的骗子才吃得开，老实人只能站在一边无声地看着。还有一些人把销售看成和打扫卫生间性质相当的白领工作，绝不能没有他们，但他们会令人不快，甚至不怎么干净。

我确信，我们对于销售的看法是错误的。

这是一本关于销售的书，但它和你之前读过的，或者不屑一顾扔到一边的任何一本销售书都不一样。因为，在过去 10 年中，各行各业的销售与此前相比都发生了天翻地覆的变化，无论是卖别克汽车，还是在会议上兜售点子，无不如此。我们对销售的大部分认识，其构建的地基已经分崩离析。

在本书的第一部分，我将提出论点，从而对我们所知的销售进行反思。在第 1 章中，我将指出，“销售人员在当今数字世界已经消失”的讣告大错特错，因为仅在美国，每 9 名劳动者中就有 1 人是靠让别人掏腰包来谋生的。他们卖的东西可能不再是百科全书，而是智能手机，或是提供某种体验，但这始终是传统的销售工作。

更加令人吃惊的情况反倒出在另外 8 名劳动者身上，那就是他们也在销售。他们（不妨换成“我们”吧！）并不在家具展厅跟在顾客身后转悠，而是从事着一种我称之为“非销售的销售”的工作。我们说服、打动、影响他人，使之放弃某样东西，来交换我们拥有的某样东西。一如你一开始所读到的我对自己工作的分析，**我们拿出多达 40% 的时间来打动他人，而这对我们事业的成功与否起决定性作用。**

第 2 章探讨了这么多人是如何进入“打动他人”这一行的。理解这一职场转变的关键，在于创业精神、弹性、教育和医疗行业。首先来看创业精神。我们原本以为某些新技术会淘汰销售人员，结果，它们却降低了小公司进入市场的壁垒，让更多的人变成了销售人员。其次是弹性。不管是为自己工作，还是为大公司效劳，大多数人都发现，我们不是只做一件事，必须让自己拓展多领域的工作技能。工作技能在得到拓展之后，几乎总会包括一些传统的销售事务，以及大量的非销售的销售。最后让我们关注一下教育和医疗行业。教育服务和医疗保健已是全世界增长速度最快的行业，这些行业的工作都需要打动他人。

如果你被我说服，“买下”了这些观点，或者愿意暂时在几页的篇幅里“借用”一下它们，那么，结果恐怕并不讨好。销售人员可没有什么好名声，想想就知道，电影、戏剧和电视节目不是把销售人员描绘成贪婪的滑头，就是把他们当作呆头呆脑的失败者。在第 3 章中，我会讨论这些观点，尤其是“销售主要是在欺骗和耍手腕”这一点。我将指出，如今的力量均衡已经发生了变化，我们已经从“买家谨慎”“买家自求多福”的世界，进入“卖家谨慎”的世界。因此，诚实、公平和透明往往是唯一行得通的道路。

这也带我们进入了第二部分，我从社会科学的前沿研究中精选出一些证据，揭示了当前打动他人最可贵的 3 大素质。销售行业一直以来都讲究“ABC 老三样”，即“Always Be Closing”（一定、要、成交）。第二部分的3章内容则介绍了“ABC 新三样”：内外和谐（Attunement）、情绪浮力（Buoyancy）和头脑清晰（Clarity）。

第 4 章讨论“内外和谐”，即让自己融入他人、群体和环境。我将利用丰富的研究资料，展示内外和谐的 3 大原则，并解释为什么外向的人不见得总能成为最优秀的销售。

第 5 章介绍“情绪浮力”，这是一种结合了坚韧精神与阳光外表的素质。在努力打动他人的时候，我们都会面临一种奇特的情形，资深销售人员称之为“拒绝的汪洋大海”。你会从一群人寿保险推销员以及全世界最优秀的社会科学家那里了解到，在销售前、销售时和销售后该做些什么，才能让你从拒绝的汪洋大海里浮出水面。接着，你也会明白，为什么对自己所销售的东西信心满满，成了销售新世界里必不可少的元素。

在第 6 章中，我将讨论“头脑清晰”，即理解混乱局面的能力。长久以来，不管是在传统销售还是非销售的销售领域，顶尖的销售人员都能巧妙地解决问题。而在这里，我要指出，当今更重要的素质是发现问题。打动别人最有效的方法之一，就是揭示出他们自己都没有意识到的挑战。你还将在本章了解到“策享”（curation）的技能，以及一些框定策享选项的巧妙方法。

等内外和谐、情绪浮力、头脑清晰的销售 ABC 新三样教会你怎么销售后，我们就进入第三部分，告诉你“做什么”，即最重要的 3 大能力。

在第 7 章中，我们会从“销售话术”（pitch）入手。自从有了电梯，积极进取的销售人员就琢磨出“电梯游说”的技艺。但今天，人们集中注意力的时间越来越短（电梯里的人都在看手机），这一技艺已经过时。你会在这一章了解到电梯游说的 6 招进阶技巧，以及在什么时候以怎样的方式施展它们。

第 8 章是“即兴发挥”（improvise）。本章将告诉你，如果你已经达成了内外和谐，带着恰如其分的情绪浮力，头脑清晰地展开销售话术，事情却仍然出了岔子时，你该怎么办？在这里，你会见到一位经验丰富的即兴表演大师，并认识到为什么弄懂了即兴发挥的规则，就能增强你的说服力。

最后是第 9 章，“服务”（serve）。这里有两条原则，是理解传统销售或非销售的销售工作的根本所在：使之切身，使之有意义。

为了帮助你把这些想法付诸行动，在第二和第三部分每一章的结尾，你都会看到共计 10 多种聪明的技巧、来自世界各地的最新研究和最佳实践。我把这些工具和技巧、评估和练习、清单和阅读建议的集合称作“全新销售利器”。到本书结束时，相信你一定能够学到如何更加有效地打动他人。

但同样重要的是，我希望你能从全新的角度看待销售这一行为。我逐渐意识到，销售，比我们想象得更加迫切和重要，也自有它的甘甜和美丽。打动他人进行交换的能力，对我们的生存和幸福都至关重要，因为它有利于我们的进化，提高了我们的生活水平，改善了我们的日常生活。**销售能力并不违背本性，并不属于人类对无情商业世界的被迫适应。销售是我们与生俱来的一部分**。如果我打动你翻开了本书的下一页，你就会看到，销售乃人之常情。

TO SELL IS HUMAN

目录

第二部分　全新销售人才的3大素质

第三部分　全新销售实践

TO SELL
IS
HUMAN

第一部分

全新销售时代来临

THE
SURPRISING
TRUTH ABOUT
MOVING
OTHERS

TO SELL IS HUMAN

THE SURPRISING TRUTH ABOUT MOVING OTHERS

01 人人都在做销售

每 9 个人里就有 1 个人从事销售工作，其实另外 8 个人也同样在销售。对销售行业已经衰落的预测并不准确，因为在这个永不休眠的世界里，人人都在做销售。

如今本不应该再存在诺曼·霍尔（Norman Hall）这样的人了，但他偏偏就在这儿：有血有肉，还打着领带。在一个星期二的下午，他走进旧金山市中心的一家律师事务所，向两名律师解释为什么她们该添置几样小玩意儿来装点一下自己的办公室。他像魔术师一般夸张地从包里取出一根像是黑色魔法棒的东西，接着手腕一挥，瞧！一蓬黑色的羽毛从一端冒了出来。这可不是普通的羽毛，他故作神秘地说："这是……雄性鸵鸟的羽毛。"

"这根售价 21.99 美元的鸵鸟毛掸子是市面上最好的。"他用轻柔却掷地有声的腔调对律师们说，"它超级适合打扫相框、百叶窗，以及任何容易在缝隙积灰的东西。"

佩内洛普·克罗尼斯（Penelope Chronis）和自己的事业及生活伙伴伊丽莎白·克莱尔（Elizabeth Kreher）共同经营着这家小型移民律师事务所，只见她坐在办公桌后面，抬起头来瞟了一眼后摇摇头，对此表示不感兴趣。

霍尔又给她看了编号为 300 的厨房刷子，这是一把坚固耐用、白绿相间的擦洗刷。但克罗尼斯的家里已经有一把了。

接着，他朝着克罗尼斯的办公桌上一一抛出若干块“超细纤维布”和一张“车窗和浴室镜防雾布”，但对方仍不感兴趣。

霍尔 75 岁，但只在鬓角有着丝丝白发。他戴着一副传统样式的眼镜，留着一撇小胡子，多年的艰辛生活已经使他的胡须变得花白。他穿着一条深棕色裤子，一件蓝色细条纹衬衫，衬衫外套着栗色 V 领毛衣，领口打着带涡纹图样的红领结，像一位衣冠整洁又略显古怪的教授。他真的十分敬业，锲而不舍。

他的腿上放着一本三孔皮面活页夹，里面是他剪裁下来的 20 多页产品图片，都插在透明的塑料隔片中。他翻开洗衣产品的页面，对克罗尼斯和克莱尔说：“这是一种强效去污剂，把脏衣服扔进洗衣机之前，先喷点这个，效果会很好。”但她们仍不为所动。霍尔又拿出了撒手锏：除蛾药。“这是我卖出最多的东西了，它能诱杀飞蛾，去除霉菌和怪味。”而且只要 7.49 美元，但对方不需要。

之后，霍尔翻到马桶刷和洗碗刷的产品介绍页，停下来“啪”地一拍，微笑着说道：“这些都是我的最爱。”但还是没有回应。

进行到钢丝球的部分时，他终于吸引到了对方的一丝兴趣，而这一丝兴趣很快就勾起了对方的购买欲。他说：“这些产品很棒，绝非寻常。虽然这是洗碗用的，但别有洞天。”每一个钢丝球都是由 200 米长的不锈钢丝连续盘绕 40 000 次而成。它可以配合洗碗刷使用。一盒 3 个，只要 15 美元。

成交。

很快，霍尔翻到了一款价格较高的产品：静电地毯清扫机。他说："这款清扫机有 4 个天然猪鬃和尼龙制成的刷头，能放射出静电电流，从木地板上粘起糖渣和盐粒。我最喜欢把它当作结婚礼物送给别人。"霍尔又一次算准了停顿的时机，然后说道："它可比烤面包机受欢迎多了。"

克罗尼斯和克莱尔也订下了这件产品。

大约 20 分钟后，霍尔翻到了自制产品目录的最后一页，并在订单上草草地写下 149.96 美元的成交价格。他递给克罗尼斯一张订单副本说："希望你看完之后，我们还是朋友。"

他又聊了一会儿，把活页夹和皮包合上，起身告辞。他说："非常感谢你们，我明天就把所有东西都带过来。"

诺曼 · 霍尔是富勒制刷公司（Fuller Brush）的推销员，但不是随随便便的一个刷具推销员。他是……最后一个。

销售人员已死，是人类最大的误解

> 当今世界，不管是谁，只要敲几下键盘，就能找到几乎任何东西。多年以前，很多人就已在齐声唱响销售行业的厄运葬歌了。但我们不妨先缓一缓，别急着敲丧钟。

如果你还不到 40 岁，或者不曾在美国待过太长时间，大概不知道什么是“富勒人”。但如果你是个上了年纪的美国人，就该知道，你总有躲不过他们的时候。成群结队的推销员，带着装满了刷子的样品箱，漫游在中产阶级居民区，他们敲开住户的房门自我介绍说“我是富勒制刷公司的”。接着，他们会递给你一把名叫“方便刷”的蔬菜刷作为免费的见面礼，并想要飞快地“把脚迈进门里”①。

这一切始于1903年。加拿大新斯科舍省（Nova Scotia）18岁的乡下男孩阿尔弗雷德·富勒（Alfred Fuller）来到美国波士顿，开始了他的职业生涯。按他自己的话说：“那时我就是个乡巴佬，个头太大又笨手笨脚，不谙世故，几乎没受过什么像样的教育。”他找过三份工作，但又都立刻被扫地出门了。但他的一个兄弟把他弄到了萨默维尔刷具和拖把公司（Somerville Brush and Mop Company）做销售，于是在年满20岁的前几天，年轻的富勒找到了自己的使命。“起初，我没做什么准备，也没有什么特别的资历，”多年后，他这样告诉记者，“但我发现，我能把这些刷子卖出去。”

富勒挨家挨户上门推销萨默维尔公司的产品，一年之后，他厌倦了替别人做事，于是自己成立了一家小小的刷具作坊。晚上，他监督迷你工厂开工；白天，他沿街叫卖厂里生产的产品。出乎意料的是，小公司的发展不断壮大。很快，他就需要更多的销售人员来推销新产品，进军新版图。他在一本名叫《人人杂志》（*Everybody's Magazine*）的刊物上刊登广告，短短几个星期里，这个新斯科舍省来的“土包子”就拥有了260名新的推销员和一桩全国性的买卖，

① A foot in the door 有迈出成功第一步的意思。——译者注

具备了日后成为美国流行文化象征的潜质。

到 20 世纪 30 年代末，富勒的销售队伍已壮大至 5 000 多人。仅 1937 年一年，富勒的上门推销员就送出差不多 1 250 万把方便刷。根据《纽约客》的说法，到 1948 年，有 8 300 名北美推销员向美国和加拿大的 2 000 万个家庭销售了清洁刷和毛刷。这一年，富勒的所有推销员都是只拿提成的独立经销商，在全美进行了近 5 000 万次上门销售，而当时，全美国也只有约 4 300 万户家庭。到 20 世纪 60 年代初，富勒制刷公司成为一家价值 10 亿美元（以 2012 年的美元币值计算）的公司。

更重要的是，“富勒人”成了美国流行文化里一道固定的风景线，就像是无处不在的“Lady Gaga”。

- 在迪士尼动画片《三只小猪》（*Three Little Pigs*，1933 年获奥斯卡最佳动画短片奖）中，大坏狼是怎么费尽心机地进入小猪的房子的？他把自己乔装打扮成富勒制刷公司的推销员。唐老鸭有一段时间是怎么谋生的？他销售富勒刷具。
- 1948 年，红极一时的好莱坞明星雷德·斯克尔顿（Red Skelton）出演了电影《富勒刷具推销员》（*The Fuller Brush Man*）。这是一部精彩纷呈的喜剧片，倒霉的推销员被人陷害，卷入罪案当中，他必须为自己洗刷罪名，找到罪魁祸首，赢得姑娘芳心，再顺路卖上几把百叶窗刷。
- 1950 年，好莱坞又以基本相同的剧情拍摄了另一部电影，这一回是《富勒刷具女推销员》（*The Fuller Brush Girl*），主演是更加大牌的明星露西尔·鲍尔（Lucille Ball）。
- 随着时间的推移，你不光能在家门口看到富勒人，还能在

《纽约客》的漫画上、谈话节目主持人的笑话里、多莉·帕顿（Dolly Parton）的歌词中发现他们的身影。

富勒刷具推销员业务精湛。《美国传统英语词典》（*The American Heritage Dictionary*）中写道：“在擅长‘冷火鸡叫卖法’①的内行人眼中，富勒人的开门艺术级别之高，就如同芭蕾舞迷眼中莫斯科大剧院的演出一般，是纯粹的诗歌。在富勒推销员灵巧的手中，刷子不仅仅是一件家用商品，更是别处买不到的专业工具。”不仅如此，他②也是善良友好的邻里，街区里总有他的身影。“富勒人是万能的：有人牙疼，他帮忙拔牙；有人头疼，他帮忙按摩；你忙不过来了，他帮你照料宝宝；你食物中毒了，他递给你催吐剂；看见有人自杀，他会冲上去见义勇为；他会及时阻止一起谋杀案，会协助安排葬礼仪式，还会开车送病人去医院。”

然而，就像富勒人突如其来的敲门声一样，他们同样迅速地消失了，但富勒刷具推销员已成为20世纪销售行业的缩影。想想看，不管你住在世界上的哪个地方，上一次推销员带着样品箱按响你家门铃已经是什么时候的事了？2012年2月，依照美国《破产法》第11条，富勒制刷公司申请破产，但最令人吃惊的倒不是富勒宣布破产的消息，而是它仍然存在，还能闹出一番响动。

---

① 冷火鸡叫卖法（cold-turkey peddling）源自冷火鸡法。冷火鸡法指硬性停掉违禁药品的戒断法，因戒断症状出现时，汗毛竖起，浑身鸡皮疙瘩，状如火鸡皮，故有此称谓。在这里，冷火鸡叫卖法是指那种让人浑身起鸡皮疙瘩的推销手法。——译者注

② 富勒刷具推销员都是男性，而在20世纪60年代，公司推出了一条化妆品销售线，招聘了一批名为“富勒姑娘”（Fullerettes）的女推销员。

诺曼·霍尔还在干着老本行。早晨，他在家附近的公园搭乘90分钟的早班车，来到旧金山市中心。上午9点30分左右，他开始工作，每天在旧金山崎岖起伏的街道步行五六公里。有一天我正好陪着他，他对我说："相信我，我知道这儿所有平坦的地方，以及最棒的卫生间在哪里。"

20世纪70年代，当霍尔开始从事这一行时，旧金山有着好几十号富勒刷具推销员。但随着时间的推移，人数一直在减少，现在，只有霍尔一个人还在坚守岗位。这些天，每当他碰到新顾客，并自我介绍是"富勒人"时，对方常常显得很惊讶。人们会说："别开玩笑了！"某个下午我同他在一起，霍尔向一家服装店维修部50多岁的主管介绍了自己。对方叫了起来："真的吗？我父亲就是俄克拉何马州的富勒刷具推销员！"可是这位潜在客户什么也没买，尽管霍尔指出，店里墙角放着的拖把就是富勒出品的。

40年过去了，霍尔囤了满满一车库的富勒产品，但他与濒临倒闭的母公司之间几乎已经断绝了联系。现在他完全靠自己。最近几年，他发现自己的客户及订单数量都在减少，利润在缩水，人们没有时间理会推销员了，他们要到网上买东西。再说了，刷子？谁要那玩意儿啊。

霍尔是个现实的人，他削减了用于开发客户的时间。如今，他每星期只花两天时间，背着自己的活页夹，漫游在旧金山的零售店和商业街中。当他拿起自己拥有的最后一把猪鬃刷子，系上领结的时候，他知道，没有人能取代自己。他告诉我："我想，现在的人再也不愿意干这样的工作了。"

富勒公司宣告破产之后两个月，以上门推销而闻名的《不列颠百科全书》也关闭了自己的印刷生产线。一个月后，雅芳（Avon）炒掉了其首席执行官，挣扎着想要摆脱一桩公司官司，曾几何时，从美国伯明翰到泰国曼谷，到处都有它的女推销员在挨家挨户地按门铃。这些公司的垮台并不令人吃惊，甚至可以说是不可避免，多年以前，很多人就已在齐声唱响销售行业的厄运葬歌了。

这首“葬歌”，总是会让人想起阿瑟·米勒 1949 年的戏剧《推销员之死》，它基本上是这么说的：当今世界，不管是谁，只要敲几下键盘，就能找到几乎任何东西，像推销员这样的中介成了多余。他们只会卡住电子商务运转的齿轮，让交易变得缓慢、昂贵。消费者可以自己研究，从社交网络上获取购买建议。大型公司可以借助先进的软件简化采购流程，让卖家彼此竞价，锁定最低价格。正如自动取款机减少了银行柜员、数字交换机取代了客服专员，现今的技术淘汰了销售人员。随着我们比以往任何时候都更依赖网站和智能手机来定位并购买生活所需，销售人员本身及其销售行为，都将被扫进历史的垃圾桶！

毫无疑问，诺曼·霍尔是这一行里仅存的硕果了。说不定，还没等你翻到本书的最后一页，富勒制刷公司就已经倒闭了。但我们不妨先缓一缓，别急着为销售行业敲丧钟。所有这些有关销售和销售人员的讣告都大错特错。事实上，如果有谁要在 21 世纪第二个 10 年里写一本关于销售的书，那么一定是在宣告它的重生。

销售人员的重生

每 9 个人里就有 1 个人从事销售工作。每一天，有超过 1 500 万人凭借说服他人购买产品来谋生。我们对销售人员的需求，从未减少。

美国劳工统计局职业就业统计项目（Occupational Employment Statistics Program）曾统计出一份厚厚的半年度报告，里面藏着一个令人惊讶的重要信息：每 9 个美国劳动者里就有 1 个人从事销售工作。

每一天，有超过 1 500 万人凭借说服他人购买产品来谋生。[①] 他们是房地产经纪人、工业销售代表、证券交易商……在全美 1 万多处经销商门店里，他们把飞机卖给航空公司，把火车卖给政府，把汽车卖给未来的准司机们。有的人在可以欣赏优美风景的豪华办公室里工作，有的人在呆伯特漫画里那种沉闷的小隔间里工作。但他们都在做销售，从上百万美元的咨询协议到区区 10 美元的杂志订阅费，无所不包。

试想一下：美国的制造业经济规模仍然处于领先地位，每年要生产出价值近 2 万亿美元的商品，但是美国的销售人员比工厂工人要多得多。美国人喜欢抱怨政府机构臃肿，但全美的销售人员数量是联邦政府总职员人数的 5 倍多。仅美国私营公司聘用的销售人员数量，就是美国 50 个州政府总职员人数的 3 倍（见图 1-1）。如果

① 美国就业统计数据表明，有 1 365 万人在从事销售和相关职业，另有 32.8 万名销售经理，但调查并未包括自雇者、非法人的合伙公司业主。如果采取保守估计，1 400 万名自雇者、非法人的合伙公司业主中同样有 10% 的人在从事销售工作，那么从事销售工作的总人数就超过了 1 500 万，占总劳动人口的 11%。

全美的销售人员都生活在一个州，那么这个州将成为美国第五大州。

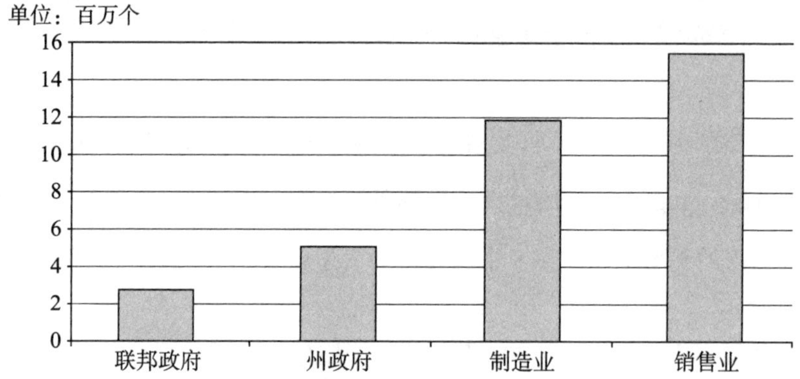

图 1-1　美国各部门、各职业工作岗位数

资料来源：Bureau of Labor Statistics, 2012。

考虑到过去 10 年里两大具有震撼力的经济现象，即全球金融系统内爆和互联网接入爆炸式的大范围普及，在全球最大的经济体里会有这么多的销售人员，似乎很是奇怪。可以肯定的是，销售和其他所有类型的工作一样，都被卷进了经济大衰退的下沉气流。2006—2010 年，美国的销售岗位消失了差不多 110 万个。然而，即便经历了半个世纪以来最严重的衰退，销售仍然是美国劳动力的第二大就业方向，仅次于办公及行政人员，而过去几十年里也一直如此。

更重要的是，按照美国劳工统计局预测，到 2020 年，美国将新增近 200 万个销售岗位。而出乎许多人意料的是，互联网对销售几乎没有产生一丁点儿人们预想中的影响。从 2000 年到 2012 年，宽带、智能手机和电子商务相继崛起，试图取代销售人员的中介作用、淘汰人们对销售的需求，但现实是销售岗位总数不跌反增，美国劳动力中从事销售工作的人数比例也基本保持原样：每 9 人里就有 1 人。

美国如此，世界其他地方也如此。

- 在加拿大，“销售与服务行业”（比美国划分的行业范围更宽泛）约占全国总劳动力的 25%。
- 澳大利亚统计局的普查数据显示，该国约 10% 的劳动力是销售人员。
- 英国使用另一套职业分类标准，它把涉及销售内容的所有岗位都加了进来，如“销售客户代表和业务发展经理”与“汽车及零部件销售人员或顾问”等，其总数约为 300 万人，占全国 3 000 万总劳动力的 10%。
- 在整个欧盟地区，这一数字还要略高。按数据统计以及欧盟统计机构官员的估算，在欧盟从事销售工作的劳动力约占总劳动力的 13%。①

与此同时，统计数据显示，日本在 2010 年雇用了近 860 万名销售人员。日本的劳动力总数约为 6 300 万人，也就是说，在世界第三大经济体中，每 8 名劳动者中就有 1 人从事销售工作。印度虽然是人口大国，但市场总体欠发达，较难获得相关数据。较之北美、欧洲和日本，印度的销售人员比例可能较低，其中部分原因在于印度仍有很大比例的人口从事农业。但随着印度经济的日益繁荣，数亿人口都将步入中产阶级，对销售人员的需求必将激增。只举一个例子即可看出其潜力：据麦肯锡公司预测，到 2020 年，印度医药行业的销售代表队伍将扩大 3 倍，达到 30 万人。

① 欧盟的总劳动力约为 2.16 亿人，其中销售行业的劳动力约为 2 900 万人。

综观以上数据，我们可以看出：销售的重要程度不曾降低，就业规模不曾缩小，仍然是世界各个国家和地区劳动力市场的庞大组成部分。即便发达国家的经济发展已经开始从实体商品和体力劳动向技术服务和概念思维转型，对销售人员的需求也不曾减少。

但这还只是一个开始。

每个人每小时有 24 分钟用来打动他人

> 人们现在大约会花 40% 的工作时间从事非销售的销售工作，即说服、影响并打动他人。不管从事什么职业，我们都在做销售。

在世界各统计机构工作的男男女女，是现代经济的无名英雄。他们每天收集海量的数据，经过核查、分析，总结成报告，帮助我们理解产业界、就业市场以及人们的生活到底在发生什么变化。不过，这些尽忠职守的公务人员，也要受预算等的约束，而最重要的一点是，他们所提出的问题，对他们自己也起着限制作用。

所以，尽管你或许惊讶于每 9 个美国劳动者里就有 1 个人以销售为生的事实，但在我看来，它还掩盖了一个更为有趣的事实。举个例子，从绝对意义上来说，我并不是一个销售人员。然而，正如我在引言中所写的，当我坐下来审视自己的工作日程安排时，我发现自己把大量的时间都花在了广义的销售工作上，即说服、影响、打动他人。但我并不是特例。医生要劝说患者接受治疗方案；律师要说服陪审团做出符合己方利益的裁决；教师要在课堂上吸引学生专心听讲；创业者要争取到投资人；作家要对出版商甜言蜜语；教练要劝诱球员……不管从事什么职业，我们总会向同行做陈述，对新客户说点儿好听的话。我们恳求上司把预算批得稍微宽松些，或是劝说人力资源部多加几天的假期。

可惜，这些销售工作从来不会体现在统计数据表中。

如今，工作和生活之间的界限愈发模糊，生活中也存在着工作时会出现的情况。我们中的很多人会把一部分业余时间用来做销售，如在 Etsy 上销售手工工艺品，在 DonorsChoose 上宣传自己感兴趣的慈善事业，在 Kickstarter 上为创意项目筹措资金。我们充满能量，不断在网络上推销自己，在 Facebook 的页面上，在 Twitter 的账户里，在 Match.com 的个人简介中，现在，会这么做的人不计其数。然而，请记住：我在这里提到的 6 家公司，在 10 年前无一存在。

按照传统认知，经济行为中两种最重要的活动就是生产和消费。但在今天，我们大部分的经济行为似乎也涉及打动他人。也就是说，我们会说服他人分享资源，让双方都得到自己想要的，无论是现金这种有形的东西，还是努力或注意力这种无形的东西。但麻烦的是，对于这一猜测，没有数据可供确认或反驳，因为它所涉及的问题不在统计范围之内。

所以，我决定填补这方面的空白。我委托一家正在快速成长的研究及数据分析公司 Qualtrics 进行了一项问卷调查，试图揭示人们会投入多长时间、多少精力来打动他人，其中包括我们认为属于非销售的销售名目之下的活动，即与购买无关的说服活动。

TO SELL IS HUMAN
全新销售实验

在这项名为“你在工作中做了什么”的综合性调查研究中，我们使用一些先进的调研工具，收集了来自世界各地 9 057 名受访者提供的数据。Qualtrics 的统计员会审查受访者的答复，去掉无效或不完整的内容，再评估样本容量及构成，以检验它是否能反映出总体情况。由于非美国受访者的数量不足，无法给出具有统计意义的结论，因此我的分析大部分针对的是调整后的样本：7 000 多名美国成年全职劳动者。这次调查结果的统计有效性，与选举季大型民意调查公司所进行的调查有效性是相当的（盖洛普的追踪调查样本容量通常为约 1 000 名）。

分析统计数据后，我发现两个现象：

1. 人们现在大约会花 40% 的工作时间从事非销售的销售工作，即说服、影响并打动他人，但整个过程和购买无关。不管从事什么职业，平均每人每小时会用 24 分钟来打动他人。

2. 人们认为，说服、影响、打动他人的工作对个人事业的成功非常重要，即便他们要为此投入相当多的时间。①

① 读者可在我的网站主页上找到完整的调查结果，以及所用方法的细节：http://www.danpink.com/study。

关于我们的发现，还有一些更详尽的细节：我先请受访者回想自己之前两个星期的工作，想一想在什么事情上耗时最多。出乎意料的是，处理电子邮件名列榜首，其次是面谈和开会。

接着，我又请受访者对这些经历的实质内容做更深入的思考。我提供了一系列选项，例如，无论采用何种交流形式（电子邮件、电话或面谈等），你在如下活动上分别投入了多少时间：（1）处理信息；（2）销售产品或服务；（3）其他活动。根据受访者的回答可以发现，费时最多的是“处理信息”，但紧随其后的是 3 种在非销售的销售中处于核心地位的活动。

近 37% 的受访者表示，他们投入了大量时间去教育、训练或指导他人；39% 的人回答说为客户或顾客服务也是一项费时的工作；近 70% 的受访者回答说，他们至少花了一部分的时间去说服或打动他人。而且，事实证明，非销售的销售比传统意义上的销售更为普遍。我们曾询问受访者在“销售产品或服务”上用了多少时间，大约一半的受访者表示“在这方面完全没花时间”。

问卷的下一道题旨在探知类似信息，并评估上一道题的有效性。我们问道：“你的工作中有多大比例涉及说服他人放弃自己看重的东西，来换取你拥有的某样东西？”这道题是让受访者自己推断比例。

所有受访者回答的比例平均值为 41%，这个平均值的得出方式很有意思。多数受访者回答的比例在 15% ～ 20% 的范围内，但也有少数受访者回答的比例在 70% ～ 80% 的范围内，尽管人数较少，他们的回答却十分有价值。换句话说，很多人都会花一定的时间来打动他人，但对某些人而言，打动他人是工作的主要内容。也就是说，我们中的大多数人都是说客，但还有一些人是超级说客。

同样重要的是，几乎每个人都认为，说服、打动他人是自己事业取得成功最关键的要素。例如，受访者花时间最多的活动是“处理信息”，但当我们请受访者罗列出工作中最重要的活动时，“为客户和顾客提供服务”“教育、训练或指导他人”排名却更高。此外，尽管对大部分人来说，在“推销想法”上花的时间相对不多，但超过一半的受访者表示，该活动是自己取得成功的关键。

人们自视重要的事情和他们实际所做的事情之间，存在一种极强的互动，图 1-2 有助于我们理解这一点。纵轴上是加权指数，数值以问卷答复为基础，表示人们对某项活动的重要性的判断；横轴上是指数，同样以问卷答复为基础，表示人们在相应活动上实际花费了多长时间；对角线表示所花时间和重要性之间的完美匹配。如果一项活动的坐标低于此线，就表明人们在该项不重要的活动上花了太多时间，应尽量减少；如果高于此线，则说明该项活动非常重要，应投入更多的时间。

看看“非销售的销售”落在哪个地方了？虽然它需要花费的时间已经相当多了，但重要性更高，而且受访者的回答因年龄段的不同而不同。如图 1-3 所示，年龄越大、工作经验越丰富的人越表示，打动他人占据了大量的工作时间，并决定着自己事业的成功。

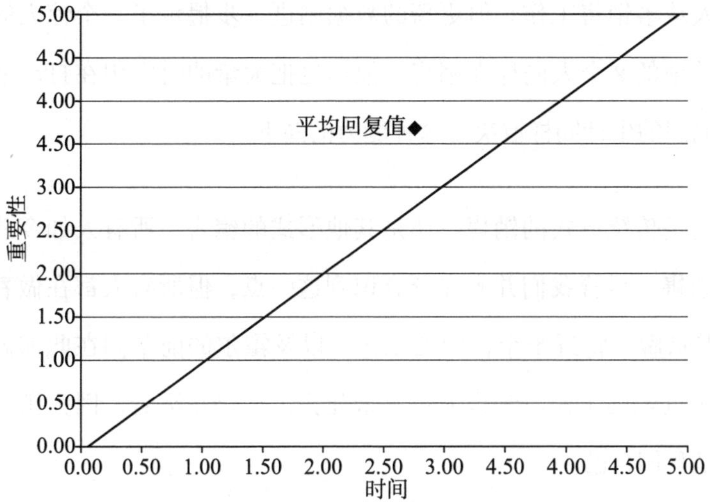

图 1-2　非销售的销售：时间和重要性坐标

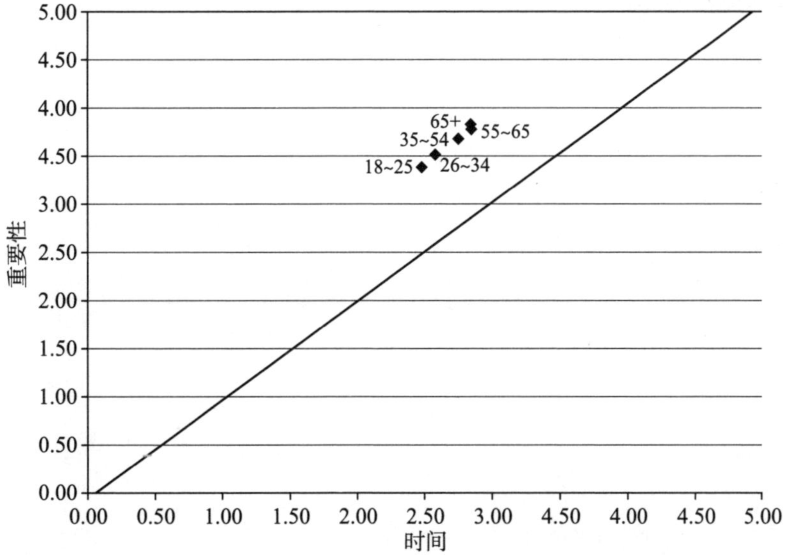

图 1-3　非销售的销售：时间及重要性矩阵（按年龄段划分）

该问卷调查以世界最大的经济体为例证，为 21 世纪的劳动力境况描绘了一幅生动的图景。现有数据显示，每 9 个美国劳动者里就有 1 个人从事销售工作。但更新的数据则进一步揭示了一个惊人的结果：其他的 8 个人同样在销售。他们也把大量的时间用在打动他人上，他们的生计同样取决于这种能力的高下。

无论是传统形式的销售，还是其他形式的销售，所有人如今总归都在销售。尽管我们并未充分意识到这一点，但所有人都在做着诺曼·霍尔做了将近半个世纪的工作，以及霍尔的前辈们在此前做了半个多世纪的工作。销售人员并未死去，他仍然活着，因为销售人员就是我们自己。

这就提出了一个问题：怎么会这样？怎么会有这么多人从事着打动他人的工作？

TO SELL IS HUMAN

THE SURPRISING TRUTH ABOUT MOVING OTHERS

02 全新销售的3大推动力

在这个全新销售的世界，死板的技能受到惩罚，灵活的技能受到奖励。技术让更多的人变成了销售人员，什么都愿意尝试的他们，已成为未来经济的引路人。

在第7章中，你将了解到一种名为“故事话术”(Pixar pitch)的技巧。这一技巧以好莱坞著名动画工作室皮克斯的作品为基础，可以帮助你对想要表达的观点进行简短概述，并以皮克斯电影的叙事结构来呈现。那么，为了给稍后将要推荐的技巧建立模型，请允许我在这里使用故事话术带你进入本章内容。

从前，从事销售的人少之又少，每天，这些家伙负责卖东西，而我们则负责制作东西，人人都心满意足。有一天，世界形势风云突变，我们中有越来越多的人开始为自己工作，成了创业者，突然之间，我们也成了销售人员。与此同时，很多大公司发现，条块分割的工作职能已不再适应瞬息万变的商业大环境，因此，它们开始要求员工掌握跨领域的灵活技能，其中就包括销售技能。在此期间，经济形势本身也在不断变化，短短10年中，数百万新增劳动力进入了教育和医疗行业，而这也是两个以打动他人为核心目标的领域。尽管我们几乎还没有反应过来，但大部分人已经做起了销售。

这就是故事的梗概。为了更深入地理解它，让我们先来聊一聊腌菜。

无处不在的创业精神

> 做一名创业者，会成为常态，而不再是特例了。一个满是创业者的世界，也就意味着一个满是销售人员的世界。

拿布鲁克林腌渍公司（Brooklyn Brine）来逗趣再恰当不过了。该公司销售手工腌制的蔬菜（是真的手工腌制），它位于纽约布鲁克林区，在里面工作的人满嘴都是“白芦笋”“蒜薹”“素食博主”一类的字眼。而像这样只有 1 个老板、10 名员工、14 种腌菜产品的小公司，已日渐成为当前经济的组成部分。在工作过程中，他们对销售给予了方方面面的重视。

为什么会有越来越多的人从事销售工作？布鲁克林腌渍公司体现了三个原因中的第一个：小公司创业者的崛起。

说起大公司和小公司之间的差异时，我们的焦点往往会放在规模上。按照定义，前者的收入更多、客户更多、员工更多，但类型上的差异同样重要。小公司内部的实际运作往往与大公司完全不同。具体而言，大公司往往依赖专业分工，例如，一家只有两人的公司完全不需要人力资源部；可一家 2 000 人的公司没有人力资源部就无法生存。在规模较大的公司里，销售往往是一项专门的职能，如一个部门，一个事业部，或一项只有某些人从事、好让其他人专心去做其他工作的任务。但小规模经营的创业者可享受不到如此奢侈的配置，他们必须身兼数职，而销售就是其中之一。

TO SELL IS HUMAN
全新销售案例

布鲁克林腌渍公司的创办人谢默斯·琼斯（Shamus Jones）称自己是“被逼上梁山的资本家”。他早先是个厨师，因为对餐饮业不再抱有幻想，3年前出来创业，把自己偶尔为之的腌菜手艺当成全职买卖。由于在生产、经营、管理上全无背景，他借用朋友开的餐馆的厨房，从晚上10点到第二天上午8点逐一实验腌菜食谱。

随着口碑流传开来，现在，你可以在美国和亚洲高端食品超市的货架上看到布鲁克林腌渍公司的各种产品，如今的琼斯把更多的时间投入在推销产品、打动他人上。

一周7天，他每天都在约见经销商，讲述公司的故事，尽力说服超市上架他的产品。等他回到自己前店后厂的公司，他的工作又变成了打动员工，激励他们心怀热情、熟练地完成工作。他希望赚钱，但这不是他唯一的目标，“我希望人人开心。我希望人人都能热情地投入工作。我想创办一家有诚信的公司，生产让消费者放心的产品。”而要达成这一愿望，既要开展传统形式的销售，也要进行非销售的销售。这就是一个小公司创业者的生活，他不能只做一件事，而是每件事都要亲自经手，并且每件事也都不可避免地与说服有关。

诚然，在世界经济范围内存在许许多多的“庞然大物”，这些规模巨大的公司就像是一个王国，而不是私营公司。但在过去10年里，我们也见证了小公司的大幅增长，其中不光有布鲁克林腌渍公司这种提供实体产品的公司，还有那种仅由一两个人提供服务、创意和专业知识的个体户。

想想看吧：

- 据美国人口普查局估计，美国有2 100多万家“非雇主”公司，即没有任何受薪员工的公司。这些公司涉及各行各业，从电工技师到电脑顾问，再到平面设计师，虽然它们只占美国国内生产总值的一小部分，但却占据了全美公司数量的绝大部分。
- 据国际数据公司（IDC）估计，30%的美国劳动者在为自己工作，到2015年，全球非传统劳动者（如自由职业者、承包商、顾问等）的数量将达到13亿。北美洲的增长幅度最大，但亚洲同期也有望新增6亿多名独立工作者。
- 一些分析师预测，在美国，自由创业者的队伍有望在2010年年底达到6 500万人，甚至能在2020年占据美国劳动力的绝大部分。原因之一在于，18～34岁的这一代人在未来经济中将扮演更为重要的角色。根据尤因·马里恩·考夫曼基金会（Ewing Marion Kauffman Foundation）的研究，该年龄段中有54%的人打算自己创业，或者已经开始创业了。
- 在经济合作与发展组织（OECD）的16个成员国中（包括法国、墨西哥和瑞典），现在有90%以上的公司员工人数少于10人。此外，“新兴创业者或新兴公司的所有者兼管理者”人数在中国、泰国和巴西市场的比例远远高于美国或英国。
- 在“你在工作中做了什么”的问卷调查中，我们问了一个旨在探讨小公司创业的问题，并在措辞上承认今天有许多人都在通过多种渠道谋生：“你在为自己工作吗？或者经营着自己的生意吗？或者两者兼而有之？”38%的受访者做出了肯定的回答。

看着这些数字，“面对这些有着自我意识、什么都愿意尝试的‘布鲁克林机灵鬼’，我们不能翻白眼，反倒应该把他们看成是未来经济的……引路人。”《纽约时报杂志》专栏作家亚当·戴维森（Adam Davidson）如是说。哈佛大学的劳伦斯·卡茨（Lawrence Katz）作为同龄人中最顶尖的劳动经济学家，对此表示赞同。他预测，未来中产阶层的就业渠道不再是成为大公司的员工，而是成为自给自足的“手艺人”（artisan）。

无论我们称他们为手艺人、非雇主生意人、自由经纪人，还是小公司创业者，他们随时都在销售。当然，他们不仅要为顾客包装腌菜，还要对整个生意负责，而不是对其中的某一方面负责。因此，他们还要去招揽商业合作伙伴，跟供货商谈判，激励员工。他们所属的行业可能是餐饮、法律服务或景观设计，但都需要打动别人。

造成这一发展趋势的一个根本原因在于：原本应该淘汰销售人员的技术，反倒把更多人变成了销售人员。这有一点儿讽刺，让我们回想一下 Etsy，这是一个为小公司和手艺人开放的网络市场，它创办于 2005 年，基本上没有外部投资，现在已拥有 87.5 万多家活跃的在线商铺，每年销售的商品价值总计高达 4 亿美元。在 Etsy 出现之前，手艺人吸引工艺品买家的能力相当有限，但通过网络这一原本打算消灭掉销售人员的技术，却降低了小公司创业者进入的门槛，让更多的手艺人进入销售领域。

eBay 也是一样。现在，超过 75 万名美国人表示，eBay 是他们的主要或第二大收入来源；同时，多亏了 Kickstarter，创业者们更容易筹措到资金了，因为他们可以把创意项目的梗概贴出来，如电影、音乐、视觉艺术、时尚等，并尝试把这些点子卖给投资人。自2009年Kickstarter上线以来，180万人投入了超过2亿美元，资助了超过2.4万个项目，在短短3年内，Kickstarter就已超越了美国国家艺术基金会（U. S National Endowment for the Arts），成为美国艺术项目最大的支持者。

网络推动越来越多的小公司创业者蓬勃发展，但和智能手机相比，其整体影响或许很快就会显得不值一提了。20世纪90年代初设计了第一款网络浏览器的风险投资家马克·安德森（Marc Andreessen）曾说："智能手机革命还没有彻底爆发。"智能手机显然会给销售的某些方面带来破坏，例如，消费者可以使用它们绕过销售人员做调查、比较店铺。但它带来的最终影响仍然是更多的创造，而不是完全的摧毁。

技术，固然能淘汰某些类型的销售人员，但同时也把更多的人变成潜在的销售人员。

> 2007年前，根本不存在所谓的手机App经济（App economy），直到苹果推出自己的第一款iPhone手机，这个市场才得以诞生。如今，仅在美国，通过App开发就已创造了近50万个就业岗位，其中大部分由轻量级的创业者提供。同样，一系列的新技术，如Twitter创始人之一设计的Square、eBay的PayHere、Intuit的GoPayment，使得个人能够直接在移动设备上接受信用卡付款，也就是说，任何有手机的人都可以变成店主。

与此相关的数据相当惊人。按《麻省理工科技评论》(*MIT's Technology Review*)的说法:“1982年,全世界有46亿人,可没有一个人是手机用户。今天,全世界有70亿人,其中有60亿人是手机用户。”据思科预计,到2016年,全球智能手机的总数将超过总人口数量,达到100亿台。大部分的变化将发生在北美和欧洲以外的地区,并“由中东和非洲的以年轻人为中心的文化”所推动。届时,无论是身在东京还是伦敦,天津还是拉各斯,所有人都会将自己的店面随身携带,并且只需轻轻一按,就可“到达”地球上任何一家店面。那么,做一名创业者,并以此为生,或至少是将其作为部分谋生手段,也就会成为常态,而不再是特例了。一个满是创业者的世界,也就意味着一个满是销售人员的世界。

弹性,工作技能的新要求

> 扁平的组织和动荡的商业环境构成了我们身处的世界,在这个世界里,死板的技能受到惩罚,灵活的技能受到奖励。

现在让我们看看另一位公司经营者迈克·坎农–布鲁克斯(Mike Cannon-Brookes)。他的公司艾特莱森(Atlassian)比布鲁克林腌渍公司规模更大,年岁更长,但其内部运作与后者是有一致性、有联系的。

艾特莱森开发所谓的“公司软件”,是一种帮助公司和政府进行项目管理、进程跟踪、促进员工协作的复杂大型软件包。10年前,毕业于悉尼新南威尔士大学的坎农–布鲁克斯和斯科特·法夸尔(Scott Farquhar)创办了该公司,现在已在全球53个国家和地区拥有约

1 200 个客户，其中包括微软、新西兰航空公司、三星和联合国。其在 2011 年的销售收入为 1 亿美元，但与大多数竞争对手不同，艾特莱森没用一个销售人员，就达到了这一销售额。

不靠销售人员进行销售，听起来恰好佐证了“推销员之死”的流行观念，但该公司 CEO 坎农 - 布鲁克斯却有不同的看法。他告诉我：“我们没有销售人员，是因为我们人人都在做销售。”

由此，我们引出了“如今人人都在做销售”的第二个理由：弹性。发展成熟的公司对员工技能跨度已经提出了新的要求。

坎农 - 布鲁克斯对“人们购买的产品”和“人们出售的产品”进行了区分，并更喜欢前者。下文以艾特莱森与客户构建关系的方式为例。

TO SELL IS HUMAN
全新销售案例

在大多数软件开发公司里，公司销售人员会先拜访潜在客户，打探新业务的前景，艾特莱森却不是这样的。在这里，潜在客户通常是自己找上门来的，他们先下载公司产品的免费试用版。接下来，有些人会向艾特莱森的技术支持人员提出问题，但提供技术支持的员工和传统的销售人员不同，他们不会说什么折扣、马上就要过期一类的话来引诱对方，也不会喋喋不休地要求对方做出长期承诺。相反，技术支持人员只负责帮助客户理解软件用法，因为他们知道，提供恰当的协助自有其价值，能打动举棋不定的买家自掏腰包。

软件工程师也是一样。固然他们的工作是开发功能强大的软件，但这需要的并不仅仅是写代码。它还需要发现客户的需求，了解客户怎样使用产品，从而开发出能打动潜在客户主动购买产品的独特功能。坎农－布鲁克斯表示："我们赞同这样的理念，让客户接触的每一个人，都是一位高效的销售人员。"

在艾特莱森，没有一个人从事传统的销售工作，但所有人都在做销售。这种似是而非的安排正变得越来越普遍。

Palantir 是一家规模更大的公司，其总部设在加利福尼亚州帕洛阿尔托，在世界各地均有办事处。该公司开发的软件，可以帮助情报机构、军队和执法部门整合并分析数据，打击恐怖主义和罪犯。

TO SELL IS HUMAN

全新销售案例

尽管 Palantir 每年销售的软件价值 2.5 亿美元，但它同样没有任何销售人员。相反，它靠的是所谓的"前沿部署工程师"（forward-deployed engineer）。这些工程师并不开发公司产品，至少一开始是这样的。但他们会深入现场，直接与客户互动，确保产品满足客户需求。至于握着客户的手、保证对方开开心心的这类工作，通常是由客户经理或销售部门的员工来做，但负责 Palantir 公司前沿部署工程师队伍的希亚姆·桑卡尔（Shyam Sankar）并不赞同这种做法。他告诉我："这行不通。"

他表示，更有效的安排，是把真正的计算机科学家派到现场去。这样一来，这些专家就能够向总部工程师反映产品有哪些不足之处，并建议如何改进。他们可以当场为客户解决问题，最重要的是，他们还能找出连客户自己都不清楚的新问题。

与客户围绕问题展开互动本身并不是销售，但却能带动销售，因为它驱使工程师不再仅仅依赖自己的技术能力。然而，Palantir公司并不提供销售培训，或者通过复杂的销售流程来帮助新员工发展技能弹性，它只是简单地要求每位新员工阅读两本书。一本是有关“9·11”恐怖袭击事件的纪实作品，它帮助员工更清楚地明白，要是政府无法掌握信息，会导致什么样的局面；另一本则是一位英国戏剧指导老师所著的即兴表演指南，它帮助员工理解头脑灵活、技能多变的重要性。

简而言之，即使像艾特莱森和Palantir这样的大型公司，也必须跟变形虫式的腌菜制造商谢默斯·琼斯一样做生意了。这意味着我们做生意的方式发生了重大转变。当公司按工作内容进行细致的分工时，每个人的技能往往是固定的，如果你是会计师，就做会计工作，不用操心自己业务范围之外的事情，因为自然会有其他人去做。在商业环境稳定、未来可预见时，情况同样如此。每个季度或者每一年度开始的时候，你就已经知道自己需要完成多少会计工作量，以及哪一类型的会计工作。然而，在过去10年里，当初推动固定技能崛起的商业环境已经不复存在。

这10年的激烈竞争，迫使大多数公司的组织结构从层级式转入扁平式（至少是比从前扁平了一些）。它们所要求的工作量和从前一样多，甚至更多，但却以更少的员工完成了如今更多也更为多样化的工作。与此同时，商业的基本环境从过去的可预见变成了如今的动荡不安。发明家发明的新技术、采用全新商业模式的初创公司经常会彻底倾覆个别公司，并让整个行业都重新洗牌。黑莓手机制造商动态研究公司（Research In Motion，RIM）在前一天还是传奇的象征，后一天就成了落后分子；录像带出租本来是棵摇钱树，然而奈飞（Netflix）一出现，整个出租行业都成了夕阳产业。同时，商业周期本身也像坐上了惊险的过山车一样，一会儿冲上不可持续的高点，一会儿落到难以承受的低点，上上下下、起伏不定。

扁平的组织和动荡的商业环境构成了我们身处的世界，在这个世界里，死板的技能受到惩罚，灵活的技能受到奖励。现在，一个人每天要做的工作必须跨越诸多职能边界，设计人员要进行分析，分析师要进行设计；营销人员要搞创作，创意人员要搞营销。而等到新的技术涌现，现行商业模式崩溃之时，每个人的能力又需要再度朝着不同的方向发展和延伸。

随着弹性技能越发普遍，一种特别的技能似乎总是伴随左右，那就是打动他人。例如，瓦莱丽·科恩（Valerie Coenen）是加拿大艾伯塔省埃德蒙顿市一家环境咨询公司的陆地生态学家，她的工作需要高水平的独特技能，但仅靠这些还不够。她还必须向潜在客户提交建议书，推销自己的服务，发掘自己和公司能够解决的现有或潜在问题。另外，她告诉我：“我还要在公司内部推销自己的服务。”

又如，在加拿大西部某省份工作、生活的内容策划师莎伦·特威斯（Sharon Twiss），负责为温哥华一家大型机构重新设计网站。但不管其工作的实质内容是什么，她仍告诉我：“我所做的每一件事几乎都与说服他人有关。”她要说服项目经理优先修复软件的某个漏洞；要劝说同事遵照网站的风格指南行事；要培训内容供应商如何使用软件，遵循最佳实践方式；她甚至还要想方设法劝说别人去哪儿吃午餐最合适。她解释说："要是工作头衔并没有赋予一个人权力或权威，那她就要自己想办法来施展权力"。

技能弹性甚至已经开始重塑工作头衔。小蒂莫西·施赖弗（Timothy Shriver Jr.）是非营利组织"未来项目"的主管，该组织的目的是通过有趣的项目，把想要参与的中学生和可以给予指导的成年人联系到一起。他的工作覆盖了不同的领域：从营销到数字媒体，再到战略、品牌和合作关系，无所不包。但他认为："这些工作的共通之处就是鼓励人们采取行动。"那他的头衔是什么呢？首席说服官（Chief Movement Officer）。

即便那些处在组织结构金字塔上层的人也开始扩展自身技能。举个例子，我曾问过太空探索技术公司（Space Exploration Technologies Corporation）的总裁格温·肖特韦尔（Gwynne Shotwell），除了日常经营和管理职责外，她每个星期要花多少天从事销售工作。她回答说："每一天都是销售日。"

教育和医疗行业，非销售的销售的新世界

> 我们可能正在走入一种"白大褂""白粉笔"式的经济形势，不要把人们看成棋盘上的棋子，而要看成棋局的全面参与者。

拉里·费拉佐（Larry Ferlazzo）和简·贾德森（Jan Judson）是一对住在加利福尼亚州萨克拉门托的夫妇，他们不腌黄瓜，也不分析代码，但同样代表着未来。费拉佐是一位高中教师，贾德森是一

位护士，这意味着他们都在美国及其他发达经济体中增长最快的部门工作。

要弄明白人们的就业环境发生了什么变化，方法之一就是观察人们现在从事的工作。美国劳工统计局职业就业统计项目做的就是这件事，我之前已经引述了相关内容。它每年对全美 22 个主要职业群体和近 800 种细分职业进行两次统计分析，但理解劳动力的现状和未来前景还有一种方式，那就是观察新的就业岗位出现在哪些行业。为此，让我们看一看《月度就业报告》(*Monthly Employment Report*)，其中的内容已经表现出相当明显的趋势。

图 2-1 介绍了 21 世纪以来 4 个部门的就业情况，它们是制造业、零售贸易、专业及商业服务（包括法律、会计、咨询等），以及教育和医疗服务。

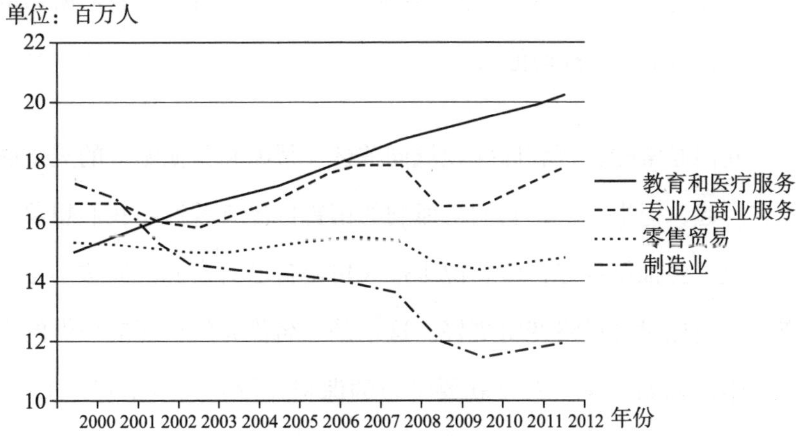

图 2-1　按行业划分的美国就业增长情况（2000—2012 年）

资料来源：Bureau of Labor Statistics, 2012。

尽管制造业的就业岗位已经连续 40 年呈下降趋势，但直到 20 世纪 90 年代末，美国制造业的就业人数仍然比专业及商业服务的人数要多。不过，在 2000 年左右，专业及商业服务的就业人数取得过领先，但这一优势维持的时间很短，因为另一个部门，即教育和医疗服务的就业人数，此后就像火箭升空一般突飞猛进。不管是社区大学指导员、考前培训机构老板、基因咨询顾问，还是注册护士，都属于教育和医疗部门。如今，教育和医疗已成为美国经济中规模最大的就业部门，同时也是世界其他国家和地区飞速发展的一个领域。在过去 10 年里，美国的教育和医疗部门诞生了比其他所有部门加起来还要多的就业岗位。据预测，在未来 10 年，医疗行业岗位的增长速度会比其他任何岗位都快上一倍。

究其核心，在于教育和医疗行业有着独特的使命。在萨克拉门托最大的一所高中教授英语和社会研究的费拉佐告诉我："身为教师，我们想要打动他人。"他的妻子补充说："在医疗行业，我们所做的绝大多数事情也是打动他人。"

我们经常把教育和医疗领域同关怀、帮助和其他温柔的美德联系在一起，但事实上，它们与犀利的销售世界有着远超我们想象的共同点。要推销得好，就要说服他人付出自己的资源，但这不是剥夺，而是让对方最终变得更好。这也是一名优秀的教师应该做的事情。学期初始，学生对于就要学习的课程并没有太多了解，那么，老师就要努力说服全班同学付出资源，如时间、注意力、努力等，如果学生们这么做了，到学期结束，他们会比开始时掌握更多知识。"我从来没有把自己当成销售人员，但我逐渐意识到，其实我们都是销售人员，"路易斯安那州一位教授6年级科学的老师霍莉·威特·佩顿（Holly Witt Payton）说，"我要向学生们推销，让他们相信上科学课是最有趣的事情。"佩顿对此坚信不疑。

医疗保健行业也是如此。如果理疗师想帮助患者从伤病中恢复，就需要患者同时交出自己的资源，即时间、注意力和努力，尽管这么做会痛苦不堪，但会让患者变得比之前更健康。一位不愿透露姓名的内科医生说道："医疗工作涉及大量的销售，我必须说服人们去做一些相当不愉快的事情。"

当然，教学、医疗和销售静电地毯清扫机可不是一回事，因为两者所得的结果完全不一样。让人们身体健康并接受良好的教育是一项公共福利事业，其本身就有价值，会造福我们所有人；而一台全新的地毯清扫机、一辆闪闪发光的跑车却没有这么大的意义。两者的过程也不一样，费拉佐说："我们面临的挑战是远距离地、长期地打动人，因此，我们必须创造条件，让人们自己打动自己。"

费拉佐认为"刺激"和"鼓动"是不同的。他表示，刺激是"推动人们去做一些我们希望他们做的事情"。反过来说，鼓动是"让他们去做自己想做的事情"。他在自己的整个教学生涯中发现，"刺激并不管用"。尽管它在短期内可能有效，但要全面、深入地打动他人，还需要更多的东西。不要把学生或患者看成棋盘上的棋子，而要看成棋局的全面参与者。

打动他人这一原则需要依靠一套完全不同的能力，其中尤其重要的在于“内外和谐”和“头脑清晰”两大素质。费拉佐说：“要多听，而不是多说。这意味着我要从人们对自己设定的目标出发来加以诱导，并灵活地确定自己在该背景下要做什么。”

TO SELL IS HUMAN
全新销售案例

去年，费拉佐教授的是9年级的学生，在完成了有关自然灾害的单元课程后，他让学生们写一篇论文，谈谈他们认为什么样的自然灾害最糟糕。一个名叫约翰的学生拒绝完成这项作业，不过，这并不是约翰第一次这么做。他的成绩不怎么好，也很少写作业，但仍然指望最后能够毕业。

费拉佐告诉约翰，自己同样希望他能毕业，但要是连一篇论文都写不出来，又怎么可能毕业呢？“接着，我告诉他，我知道他是学校橄榄球队的，喜欢橄榄球。当我问他最喜欢哪一支球队时，他看起来有点儿吃惊，因为这场对话似乎偏离了主题，他原本以为我会对他长篇大论地说教一番。‘突袭者队。’他回答。好吧，我又问他最讨厌哪支球队，他回答‘巨人队’。”

于是，费拉佐让他写一篇论文，说明为什么突袭者队比巨人队优秀。约翰同意了，还提出了“缜密而实际的问题”，并完成了“一篇相当不错的论文”。接着，约翰还主动提议再写一篇关于篮球的论文，以弥补自己之前未尽力完成的作业，费拉佐答应了。最终，约翰又交上来一篇相当精彩的论文。

“那个星期的晚些时候，在一次家长座谈会上，我当着所有老师的面，给约翰的母亲展示了这两篇论文，她哭了。她说，之前9年，约翰一篇论文都没写过。”

费拉佐表示，他“鼓动约翰，向约翰想要从高中毕业的念头提出挑战，又靠倾听得知了约翰喜欢橄榄球”。费拉佐的目的不是强迫约翰写出关于自然灾害的论文，而是帮助他培养写作技巧。他说服约翰付出部分资源，即自我和努力，从而帮助约翰打动了自己。

费拉佐的妻子也在患者身上发现了类似的现象。“以往的医疗模式是这样的：我们走进去，说着‘我们是专家’，然后告诉患者该怎么做。”但她发现，大量的经验和证据都显示，这种方法很有局限性。“我们需要退后一步，才能把患者拉上船。”她告诉我：“因为人们对自己的了解比我要多得多。”所以，为了动员人们打动自己，她会告诉对方：“我需要你的专业知识。”患者主动参与被打动的过程，从而可以更快、更好地痊愈。

教育和医疗行业都围绕非销售的销售展开，这是一种影响、说服、改变他人行为的能力，并在他人想要与自己所给之间维持平衡。这两个领域日益崛起的重要性将带来变革的可能。1910 年左右，小说家厄普顿 · 辛克莱（Upton Sinclair）创造了“白领”这个词，40 年后，社会学家赖特 · 米尔斯（Wright Mills）将之推广普及，并在此后被专家和普通民众频频提及。但现在，人口老龄化对健康提出了更高的要求，经济复杂化对知识产生了更大的需求，一种新的工人类型正逐渐形成。我们可能正在走入一种“白大褂”“白粉笔”式的经济形势，教育和医疗成为占主导地位的行业，打动他人则是我们谋生的核心方式。

所有这一切，是否意味着你也在做着打动他人的工作呢？对创业精神、弹性、教育和医疗服务的认识，在不知不觉中也把你变成了一个销售人员吗？不一定。但你可以通过以下 4 个问题，找到准确答案。

1. 你是靠说服他人购买商品或服务为生吗？

如果回答是，那么你从事的就是销售工作，可能你也早就认识到这一点了。如果回答否，请进入第 2 题。

2. 你为自己工作，或是经营着自己的生意吗，或是两者兼而有之？

如果回答是，那么你是做销售的，且可能传统销售和非销售的销售都有所涉及。如果回答否，请进入第 3 题。

3. 你的工作需要弹性技能吗？你有能力跨越领域和职能，从事自身专业之外的工作，在一天里完成不同类型的事情吗？

如果回答是，那么几乎可以肯定你是做销售的，且大多属于非销售的销售，可能偶尔混合一些传统销售。如果回答否，请进入第 4 题。

4. 你在教育或医疗行业工作吗？

如果回答是，那么你就是做销售的，欢迎来到非销售的销售的新世界。如果回答否，且第 1 ～ 3 道题也回答否，那么你不是做销售的。

你处在哪一种情形呢？依我看，你的情形跟我差不多，也是不安地生活在一个本以为归别人所有的环境里。我还能猜到，这或许会让你感觉不舒服。我们都看过《大亨游戏》(*Glengarry Glen Ross*)、

《锡人》(*Tin Men*) 等电影是怎样描绘销售人员的：他们受贪婪驱动、劣迹斑斑。我们也都遇到过那些炮语连珠的销售人员，逼着我们在合同上签字。销售人员的名声相当糟糕，哪怕我们给它重新起了一个带有未来色彩的新名字：非销售的销售。如果你不相信，请翻开下一章，来看一张图片。

TO SELL IS HUMAN

THE SURPRISING TRUTH ABOUT MOVING OTHERS

03 互联时代，从“买家谨慎”到“卖家谨慎”

跷跷板重归平衡，一切都反了过来。传统销售的卑鄙手法早就成了阁楼上的古董，诚实、直接和透明则成为更好、更长久、更务实的做法。

人们究竟是如何看待销售的呢？为了找出答案，我用了一种非常有效却鲜有人采纳的方法：直接去问。在“你在工作中做了什么”的问卷调查中，我向受访者提出以下问题：说到“销售”或者“推销”时，你的脑海里冒出的第一个字眼是什么？

最常见的回答是“金钱”，而诸如“叫卖”“营销”“说服”等词汇也属于高频出现的回答。但事后，当我对列表进行梳理，去掉了名词（大部分是“销售”的同义词）后，一幅有趣的画面出现了。

图 3-1 是一幅“词云”。它用图示的方式罗列了人们在想到“销售”或“推销”时最常出现的 25 个形容词和感叹词，每个词字号的大小，反映了它被受访者提起的频率。举例来说，“急于求成的”（pushy）是最常见的形容词或感叹词（被提及频率排名第四），所以它的字号很大。“恭维的”（smarmy）、“必不可少的”（essential）和“重要的”（important）的字号小一些，因为提到它们的人并不多。

形容词和感叹词可以揭示人的态度，因为它们通常包含了名词所缺少的情绪成分。可以看出，“销售”或“推销”唤起的情绪，流露出一种明确的倾向。在人们最常提及的 25 个词语中，只有 5 个带有正面含义（必要的、挑战的、必不可少的和重要的），而其余的词语均带有负面含义。这些负面词语又分为两大阵营，有几个反映的是人们对推销行为的不适感（棘手的、艰难的、困难的和痛苦的）；但大部分反映的还是人的厌恶情绪，诸如急于求成的和咄咄逼人的等词汇最常出现，此外还有一连串暗示欺骗的形容词：狡猾的、恭维的、低俗的、不诚实的、操纵的和虚伪的。

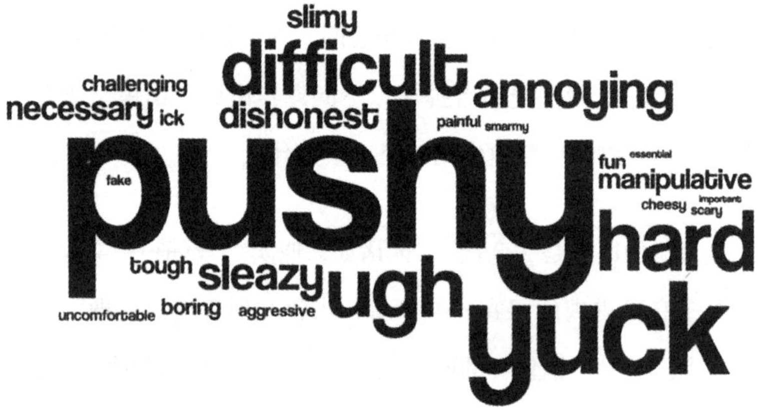

图 3-1　字眼词云

这幅词云，相当于我们的大脑在思考销售时的语言核磁共振成像，它抓住了人们心中的一个共识。销售让我们很多人都感到不舒服，甚至有点反感（“啧”“呸”“呃”），部分原因在于，我们坚信销售行为是口是心非、虚伪油滑和两面三刀的。

为了更深入地探讨人们对销售的印象，我又询问了一个问题，以更好地配合那些爱从视觉上思考的人：说到“销售”或“推销”时，你的脑海里冒出的第一幅画面是什么？受访者必须用若干词汇来形容自己想到的画面。令我吃惊的是，人们以占压倒性多数的回答给出了一个极为清晰的形象：一个穿西装的人在卖汽车，且一般卖的是二手车。如图 3-2 所示，我用最常见的 25 个词语生成了另一个“词云”。

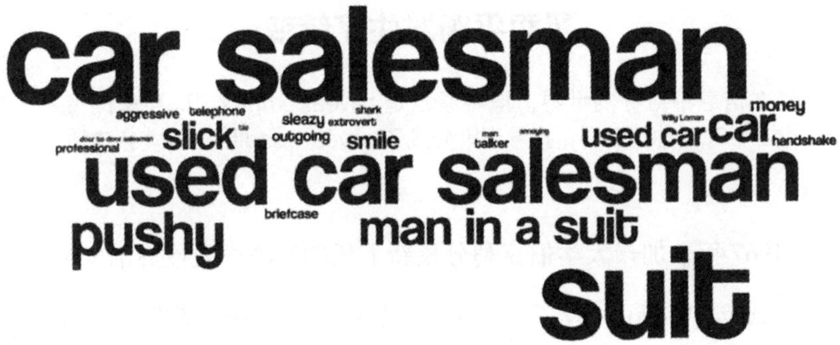

图 3-2　画面词云

排名前五的回答分别是：汽车销售人员（car salesman）、西装（suit）、二手车销售人员（used-car salesman）、穿西装的人（man in a suit），以及我们的老朋友“急于求成的”。前十名的回答里还包括“汽车”和“二手车”。受访者心目中的形象清一色都是男性，而男性（man）这个词甚至还挤进了前 25 名。只有很少的人会提及性别中立的“销售人员”（salesperson），也没有一个人提到“女性销售人员”（saleswoman）。不少受访者强调了销售在社交面上的属性，“开朗”“外向”“健谈”等词汇都进入了榜单的前 25 名；有些人会使用隐喻或文学形象，包括“鲨鱼”和“威利 · 洛曼”（Willy Loman，《推销员之死》中的主人公）；还有些人仍然情不自禁地使用了“狡猾的”“粗俗的”“烦人的”等形容词。

这两幅词云图放在一起，能帮助我们揭穿有关销售最常见的一个神话。第一幅图里暗含的信念是，销售令人反感，因为它搞欺骗。这一信念本质上并无大错，只是已经过时了。而要理解这一点，就需要我们掀开第二幅图的面纱。

买卖平衡发生了转变

在信息不对称的世界，指导原则是 caveat emptor，即买家谨慎；
在信息对称的世界，指导原则变成了 caveat venditor，即卖家谨慎。

1967 年，加州大学伯克利分校新上任的经济学教授乔治·阿克洛夫（George Akerlof）写了一篇 13 页的论文，他用经济理论和若干方程式检验了经济学家鲜有涉足的商业世界一角：二手车市场。年轻的阿克洛夫把论文寄给多家学术期刊，前两家都拒了稿，因为他们“不发表主题如此琐碎的论文”；第三家期刊也拒绝了阿克洛夫，但该刊的审稿员倒是没有说论文分析琐碎，而是直接说它是错误的。

直到这篇论文完成两年后，《经济学季刊》（*The Quarterly Journal of Economics*）终于接受了它，并于 1970 年以《柠檬市场：质量的不确定性和市场机制》（*The Market for "Lemons": Quality Uncertainty and the Market Mechanism*）为题发表。此后，这篇文章成为过去 40 多年里被引用次数最多的一篇经济学论文。阿克洛夫也在 2001 年借此赢得了诺贝尔奖。

论文中，阿克洛夫发现了传统经济学推理的一个弱点。大多数经济学分析总是首先假设交易各方都充分了解信息，并根据自己的利益做出理性决定。新兴的行为经济学对这句话的后半部分提出了疑问，即我们是否会做出符合自己利益的理性决定。阿克洛夫对准的则是假设的前半部分：我们是否充分了解信息。在此，他利用二手车市场来实际阐述和构建了自己的观点。

为了便于阐述，阿克洛夫对内容做了最大限度的简化，他表示：待售汽车分为两类：好车和坏车。坏车，即美国人所谓的“柠檬”，显然不合乎买家心意，因此应该更便宜。但麻烦的是，只有卖家才知道一辆二手车是“柠檬”还是“桃子”（指好车）。就这样，买卖双方碰到了可用信息不对称的局面，一方充分了解信息，而另一方多多少少有点儿模糊。

信息不对称带来了各种令人头疼的问题。如果卖家对产品的情况知道得比买家更多，那么买家心有疑虑也很正常。买家会想：卖方隐瞒了什么情况？我被他哄骗了吗？如果车这么好，他为什么着急想卖掉它？故此，买家或许只想支付很低的价钱，甚至干脆放弃购买。但阿克洛夫的理论认为，这一问题还可以引发更多的连锁反应。

> 假设我有一辆二手车，我知道它是“桃子”，打算卖掉它，但买家仍然认为我跟其他卖家一样，是个“柠檬”贩子。买家会想：这家伙有什么想保密的吗？他在哄骗我们吗？如果这辆车是好车，他干吗非要卖掉呢？这种情况会造成两种结果：一种结果是，我作为卖家，卖出的价格远低于这辆汽车的价值；另一种结果则是，我干脆放弃了卖车的念头。

阿克洛夫写道：“不诚实的交易往往会把诚信交易逐出市场。正是因为存在着妄图以次充好的家伙，才驱逐了正当的买卖。”他说，不光买卖汽车是这样，保险、信贷或个人的劳动，都适用于相同的道理。诚实的卖家选择了退出，只有不择手段的骗子留了下来，那些穿着西装、咄咄逼人的家伙，使用下流的手腕骗你买下一大堆垃圾。啧……

当然，如今的个人和机构也设计了种种迂回的方法，让阿克洛夫描绘的商业前景变得不再那么可怕。卖家要为自己的商品提供担保；品牌也提供了一定程度的质量保证；立法机关通过了“柠檬法”（Lemon laws）保护汽车购买者的权益。最重要的是，准买家已经提前有了心理准备。当卖家比买家知道更多内情的时候，买家必须提高警惕。如今，在美洲、欧洲和亚洲的人们往往都认识下面这个拉丁语词组，这不足为奇，因为在这个信息不对称的世界，“caveat emptor”，即买家谨慎，已经成为一种指导原则。

阿克洛夫提出的前卫观点，重塑了经济学家和其他所有人对个体交易和整个市场的看法。让我们借助这个例子，尝试另一道智力习题。假设在另一个世界里，信息基本对称，买家和卖家对相关信息的掌握情况大体相当，这时会发生什么呢？好啦，别假设了。实际上，我们就生活在这样的世界里！

回到二手车市场。在今天的美国，准买家如果想买一辆二手的日产西玛（Maxima），在接触卖家前，她可以获得各种各样的相关信息。

她可以上网，在离家一定距离的范围内找到哪些地方有这一车型，由此获得较大的选择余地。她也可以在社交网络上搜索，或者访问网站，了解每一家经销商的信誉，以及从前的顾客是否满意等信息。对个体卖家，她可以在搜索引擎上花个 15 分钟来核实该人的诚信度。她还可以到网络论坛看看现有的西玛车主对这款车有什么样的看法。她可以到汽车评测网站“凯利蓝皮书”（Kelley Blue Book）、汽车交易网站 Edmunds.com 或者 AutoTrader.com 上寻找二手西玛的报价范围。一旦找到自己喜欢的车，准买家就可以拿到该车的车辆识别码，快速上网搜索一下，就可以看它是否发生过事故，是否大修过。

当然，即便如此，她也不可能完全排查掉不诚信的卖家。但要是真的碰到了不顺心的交易，或是对交易结果不满意，除了向邻居抱怨，她还可以做更多的事后反馈。她可以告诉 Facebook 上的数百个朋友，微博上的所有关注者，博客上的所有读者，说不定会有人在自己的社交圈里转述她的故事，终结卖家再度欺诈的可能。

现在，让我们把二手车市场扩大到其他商品市场。如今的买家虽然不像许多经济模型假设的理想情形那样“充分了解信息”，但他们也不再是从前信息不对称状态下的受害者了。这也是为什么第一幅“词云”没有错的原因，它只是过时了。人们认为销售虚伪、狡猾、低俗，这种想法和销售行为的本质并无关系，而是和销售从前发生的环境有关。这种环境曾一度占据统治地位，现在却正在快速走向衰落。

平衡已发生转变。如果你是买家，掌握着和卖家同样多的信息，且还拥有事后还击的手段，那么你就不再是那个需要提防别人的人了。在信息对称的世界，指导原则变成了 caveat venditor，即卖家谨慎。

我们不再垄断信息，而是澄清信息

跷跷板重归平衡，一切都反了过来。在 20 世纪 70 年代有用的销售手法，现在早就成了阁楼上的古董。

乔·吉拉德（Joe Girard）就是个典型的二手车卖家，正打算不惜一切代价让你在今天下午买下一辆雪佛兰迈锐宝（Malibu）。他是全世界最了不起的推销员，这是他亲口告诉我的。他还发给我几页吉尼斯世界纪录的摘抄，同时附有一家大型会计师事务所的公证，以证明自己所言不虚。有一年，他在底特律的雪佛兰销售中心卖掉了 1 425 辆车，而且这个数字里不含批发销售。这些车全都是他一次一辆，一个客户一个客户地卖掉的。也就是说，在这一年里，他每天都会卖掉好几辆车。这真是惊人的成就。那么，他是怎么做到这一点的呢？

他写了一本书，名叫《把任何东西卖给任何人》（*How to Sell Anything to Anybody*）。书的封面上印着“狂销 200 万册”的宣传语，揭示了其推销手法的奥妙。他还去往世界各地与现场受众分享了这个秘密，并许下承诺：“我向你们保证，只要你理解并愿意遵照执行，我的方法就能帮到你。”

其核心是“吉拉德 250 人原则”。每个人在生活中，都认识 250 个可以邀请他参加婚礼或葬礼的人。如果你接触到一个人，让她喜欢你，从你手里买下了东西，那么她便会把你推荐给她的 250 人社交圈，其中一些人又会将你再度引荐给自己的社交圈。如此循环往复，你的影响范围就会不断扩大。吉拉德建议我们尽量多地接触潜在客户，“填满摩天轮上的座位”。潜在客户买了东西之后，隔上一阵儿后你再向他们求助。如果他们介绍来的人从你这儿买了东西，那么每成交一单，就付给介绍人 50 美元。他在书中写道：“我卖掉的雪佛兰可不仅仅是指一辆车。它还包含着我跟客户，以及跟客户的朋友、家人、同事之间的全部关系。”

可惜，吉拉德推荐的许多建立客户关系的技巧，在“买家谨慎”的世界里是遭人反感的。举个例子，如果潜在客户提到了最近曾到某个地方度过假，吉拉德就会说自己也去过。“不管对方去的是哪儿，我都会说去过，就算我压根儿没听说过那个地方。”“有许多人，甚至是上百万人，都听说过我，还有好几千号人直接从我这儿买过东西。他们自认为很了解我，是因为我很了解他们。他们以为我去过黄石国家公园；以为我在密歇根州特拉弗斯城附近捕过鲑鱼；还以为我有个阿姨住在塞尔弗里奇空军基地附近。”任你选一个词来形容吉拉德好了：“不诚实的”“爱恭维的”，或者其他什么词。

吉拉德还用三大段华丽的篇幅，介绍了他最喜欢的“陌生电话”。这个手法一开始很简单：随便从电话簿上选个名字，打电话过去。

> 一位女士接起了电话。“你好，科瓦尔斯基夫人。我是雪佛兰销售中心的乔·吉拉德。我只是想通知您一声：您订购的车已经准备好了。”记好了，这是一通陌生电话，我只能从电话簿里了解到对方的姓名、住址和电话号码。这位科瓦尔斯基夫人压根儿不知道我在说什么。她回应说：“恐怕您拨错号码了吧？我们家没订购新车呀。”“您确定？”“当然了。要是订购了车，我丈夫肯定会跟我说的。”“请稍等……这里是克拉伦斯·科瓦尔斯基家吗？”“不。

我的丈夫叫史蒂芬……”“哎呀，科瓦尔斯基夫人，真抱歉，打扰到您了。我猜您一定很忙。”

但吉拉德才不会就这么放过她呢。他要让科瓦尔斯基夫人主动说话，主动咬饵。

“科瓦尔斯基夫人，您家不会正好也要买新车吧？”如果她知道家里有这个打算，可能会说“是”。但是一般的回答通常是：“应该没这个打算。但这事儿你得问我丈夫。”嘿，我要的就是这句话！“哦，那我什么时候找他方便呢？”她会说：“他一般6点到家。”好了，我想要的信息到手了。“好的，科瓦尔斯基夫人，我会再打电话来的。但请放心，我不会占用你们的晚餐时间。”这时，她会主动告诉我，他们6点半才吃饭。于是我向她道了谢。

吉拉德从这里进入了下一个阶段。

你已经知道我6点时会做什么了吧。没错。“你好，科瓦尔斯基先生，我是雪佛兰销售中心的乔·吉拉德。今天上午我同尊夫人联系过，她建议我这个时候再打来。我想知道，您现在是否打算购买一辆雪佛兰新车？”“不，”对方说，“没这个打算。”于是我问：“那您觉得您什么时候可能会购买新车呢？”我直率地提出这个问题后，他会想一想再回答我，但他可能也只是想快点打发掉我罢了。但不管他到底是怎么说的，都有可能是他的真心话，这可比临时编一套谎言出来容易多了。“我猜大概最近这半年里会有需要吧。”他这么说，我也就此打住：“好的，科瓦尔斯基先生。那我到时候再联系您。哦，顺便问一下：您现在开的什么车呢？”他告诉我，我谢过他，然后挂电话。

吉拉德把科瓦尔斯基先生的名字登记在册，在日程表里设置了到时候打电话的提醒闹钟，接着开始找名单上的下一个名字。吉拉德写道：“上述简单步骤完成之后，如果你继续往下找就会发现，叫‘科瓦尔斯基’的人可多着呢。”

吉拉德找到了很多位摸不着头脑的科瓦尔斯基先生，成了世界上最了不起的推销员，如今他仍然在外面传授销售技巧，这似乎证明，信息不对称和它带来的卑鄙手法让他生活得挺滋润。但还有一件关于乔·吉拉德的事情你必须知道：1977 年以后，他就再也没有真正在卖汽车了。他在 30 多年前就退出了销售行当，转而干起了教别人卖车的生意（替他做审计的德勤会计师事务所把他的证明文件寄给了我，其记录在 1991 年就已终止，其中涵盖了从 1963 年至 1977 年的 15 年。）

在 20 世纪 70 年代中期，吉拉德的销售手法没准儿真的很好用，但如今，这些销售手法早就成了阁楼上的古董。毕竟，如今的科瓦尔斯基夫人大白天可是要上班的呢！而且她家的电话还有来电显示，以避免陌生电话的骚扰。就算推销员真的绕过了她家的警戒线，她也会立刻打发了对方，说不定事后还会上网搜索这个推销员的名字，并在 Facebook 上发帖告诉朋友们，自己那天晚上接到了一个令人讨厌的销售电话。

一天下午，我通过电话联系到吉拉德，询问他自从告别汽车展示厅以后，销售世界发生了什么样的改变。[①]吉拉德坚持说，什么都

① 吉拉德和他的办公室人员曾多次拒绝我面谈的请求。

没有改变。互联网的影响呢？“那是垃圾。我不需要那个破玩意儿。”他对我说。现在的消费者掌握了足够的信息，这是否改变了销售方式呢？“完全没有。从来都只有一种方式，那就是我的方式。”他在如今的商业版图上也能像20世纪70年代那样成功吗？“给我9个月，我就能统治世界。”

公平地说，吉拉德的主张是合理的，且经得起时间的检验，如他坚定地主张做好售后服务工作。他在谈话中告诉我：“重点是服务，服务，还是服务。”他还讲了一句有效销售的金科玉律，在我听过的诸多说法里最为清晰：“人们希望从自己喜欢的人那里得到一笔公平的交易。”但从更广泛的意义上说，他的世界观和他的手法与那些老电影类似：士兵在孤岛上坚持战斗，只因为他从未听说战争已经结束。

让我们将吉拉德同塔米·达维什（Tammy Darvish）做个对比。当吉拉德在底特律卖雪佛兰汽车的时候，达维什还在读小学，但如今，她是美国东海岸最大的汽车经销商之一——达卡斯汽车集团（DARCARS Automotive Group）的副总裁。如果说她的住所能透露些线索的话，我想那应该是：她的汽车生意一直干得不错。

> 她家是一座面积足有1 400平方米的大庄园，客厅有篮球场那么大。一个下午，我跟她坐在那里聊天。达维什有一头乌黑的及肩长发，个头娇小，态度友好，热情但恰到好处。这份热情似乎出于她的天性，又似乎是她有意为之。在我所做的问卷调查中，没有人会把销售人员的形象跟达维什联系起来。

达维什是走老式路线进入这一行的：她的父亲在华盛顿特区拥有汽车经销店。从密歇根州米德兰市的诺斯伍德大学毕业后，达维什在父亲的店里从底层的初级销售顾问干起，一路迎着人们灼人的怀疑目光。在一个基本上全是男性员工的行业里，她只是个 21 岁的小姑娘，老板的女儿，仅此而已。但在工作的第一个月，她的销售量就超过了同龄人，成了当月的“金牌销售”。第二个月，她再度登上榜首，一份事业就这么迈出了第一步。

30 多年来，她观察到，信息不对称性的弱化正在重塑她的工作内容。过去，客户要一家店一家店地收集信息，“但今天，他们还没露脸，事前调查就基本上做完了。而且在很多时候，他们受过的教育比我们还多。”达维什说，“我刚大学毕业时，汽车的出厂发票是锁在保险柜里的，我们完全不知道自己卖出的车辆成本价是多少。而如今，顾客会告诉我。”

既然买家知道得比卖家还多，那么卖家就无法再垄断信息、传递信息了；他们转而管理信息、澄清信息，也就是帮助买家理解眼花缭乱的事实、数据和选项。达维什说：“如果客户有任何问题，我会说，‘来，我们去雪佛兰的网站’，一起弄个清楚。”

她承认，“当你走进汽车专卖店，心里仍然想着会碰见穿格子外套、涤纶西裤的男人。”但这样的衣着打扮和那种让人联想到的滑头做法早就过时了。事实上，**我们对销售的大部分看法，并非来自销售的内在本质，而是来自长久以来界定了销售场合的信息不对称。**一旦信息的不对称性弱化，跷跷板就会重归平衡，一切都反了过来。

举例来说，达卡斯有一项不同寻常的招聘策略：很少聘用经验丰富的销售人员，因为这些人说不定已经养成了某些坏习惯，或是有着老派的销售思路。

出于同样的道理，达维什相信，许多销售培训项目“太机械了”，会把人变成推销机器，只按照提示背剧本，并施展高压手段让顾客做决定。“我们在招聘新人之后，会给他们来上一个星期的销售课，但内容并不只跟销售有关。我们还会探讨客户服务和社交媒体。”

最重要的是，人们要在这个变化后的领域取得成功，需要的技能已不像过去大家所联想的，在于夸夸其谈、一味逢迎、狠敲竹杠。达维什说，她最想找寻的素质是“坚持”。她还提到了一种从未在本章两团词云里出现的词语：共情（empathy）。

她告诉我：“关怀这种东西，是没有办法训练的。”在她看来，理想的销售人员应该经常自问：“如果是我自己的妈妈坐在那儿，想要得到服务或是购买汽车，我会决定怎样做呢？”这听起来挺高尚，但也许，现如今就要这样卖汽车。

乔·吉拉德的做法是我们身为买家必须时刻谨慎的一个原因。而塔米·达维什能够生存下来而且事业蓬勃发展，则是因为她秉持卖家谨慎的精神。

信息不对称性的弱化，并未终结掉一切欺骗、说谎及其他卑鄙手法，最近华尔街、伦敦金融城的金融骗局就证明了这个令人遗憾的事实。有谁搞得懂什么是信用违约掉期（credit default swaps）吗？要是产品十分复杂，极有可能从认知不足的客户那里牟取不义之财，那么就会有人想方设法地保持信息不对称状态，另一些人则选择彻头彻尾的欺骗。这一点不会改变。只要地球上的人类还有缺陷，又容易犯错，那么买家谨慎就始终是有益的劝诫。我遵从这一原则，你也应该这么做。有些人会选择低劣的路线，并不意味着大多数人都会这么做。一旦卖家不再具备信息优势，买家又掌握了还击的手段和机会，那么低劣路线就会变成危险之路。

卖家谨慎的适用范围已经远远超出了汽车销售业，并扩展到大部分涉及打动他人的领域。以旅游业为例，在 15 年前，旅行社垄断着信息，有些中介肆无忌惮地多收顾客的钱，且粗暴对待顾客。然而今非昔比，现在，只要有一台笔记本电脑，任何人都能像专业人士一样了解机票、酒店的价格，并进行售后评价。你还可以用找工作时的自我推销为例，你如今已无法再控制有关自己的一切信息，只是有选择地将部分信息放在个人简历当中。今天，公司在招聘时仍然会看简历，但也会浏览你的领英和 Facebook 资料，阅读你在博客上透露的各种细节，甚至用网络搜索到更多关于你的或好或坏的信息，而这只需用上一小会儿工夫。

卖家谨慎的新规则还把持着蓬勃发展的教育和医疗行业。今天，一个好奇心旺盛的中学生只要能上网，就能对伯罗奔尼撒战争[①]或如

① 伯罗奔尼撒战争是以雅典为首的提洛同盟与以斯巴达为首的伯罗奔尼撒联盟之间的一场战争。这场战争从公元前 431 年一直持续到公元前 404 年，其间双方曾几度停战，最终斯巴达获得胜利。——译者注

何制作数字电影有所了解，甚至比老师认识得还要深入。从前，人们认为医生的专业知识是艰深晦涩的，可现在，患者在来到医院前，可能早就研究了自己所患的病症，收集了大量资料，采取了一系列行动。当今的教育和医疗专业人士已无法再依赖信息不对称赋予他们的崇高地位了，天平在朝着相反的方向倾斜，而专业人士做事的内容和方法必须有所改变。教育和医疗行业的从业者们，要当心了。

低端销售路线 VS 高端销售路线

> 不管你是在传统还是非销售的销售领域，低端路线都很难走得通了，而诚实、直接和透明的高端路线，则成为更好、更长久、更务实的做法。

史蒂夫·肯普（Steve Kemp）是个卖二手车的西装佬，在马里兰州拉纳姆经营着一个名为 SK 汽车的二手车公司，公司坐落在马里兰 564 号州际公路上，这里人人都坐车！肯普是一个老派的商人，性格开朗、面色红润、体格魁梧，他开的维修店每月还会为当地学校的优秀教师提供免费检修。SK 汽车公司也是个老派的地方，里面常备着 50 辆二手车的库存（既有奔驰，也有现代），全都停在停车场中，四周成排插着赛车专用的黑白方格旗。在停车场的一角，有一座平层小楼，共设有 5 间办公室。

在一个阳光明媚的星期六上午，销售人员弗兰克和韦恩在前厅喝着咖啡，等着一星期中最繁忙的一天的第一位顾客。弗兰克是个轻言细语的非裔美国人，74 岁，但看起来不过 55 岁，他从 1985 年起就开始卖汽车了。韦恩的年纪跟他差不多大，是个白人，看起来脾气不大好的样子，头戴一顶棒球帽，穿着一件方格衬衣。

这时，一个穿着大衣、不停抽烟的男人来到了停车场，旁边的年轻人是他 20 岁出头、骨瘦如柴的儿子。这个年轻人身着一件印着当地电力公司名称的外套，大胆地留起了胡子，他想买车，并看中了一辆车龄 3 年的日产天籁（Altima），但他负担不起 16 500 美元的售价。于是，他转而选了一辆 1993 年产、行驶了近 12 万公里的福特福睿斯（Escort）。弗兰克坐上副驾位置，让年轻人试驾看看，而后他们回到办公楼前厅谈交易。

年轻人填写了一份信贷申请表，史蒂夫的得力助手吉米接过申请表，走进自己的办公室用电脑进行信用核实。哇哦！信用报告挺长的，说明这位年轻客户的信用记录一团糟。此外，他的汽车还曾被银行收回过，其中有一辆车就是从 SK 汽车公司购买的。弗兰克叫来史蒂夫，他们简单商量了一下后，史蒂夫便走进会客室。

“我们现在进入了‘这样、那样行不行’的阶段。”他轻声对我说。

哈？什么意思？

“如果我们这样做，你觉得行不行？如果我们那样做，你觉得行不行？”他再次轻声解释着。

如果年轻人能拿出 1 500 美元的首付，史蒂夫愿意按 SK 公司 24% 的标准利率提供贷款，并在车上安装一台跟踪装置。他们问年轻人，这样的条件行不行？可是年轻人一分钱也没有，便走了。

之后又进来两个客户，但也不是真心要买车。

午饭时间，店里来了一个高个子男人，他头戴牛仔帽，身着夹克衫，背上印着“杰克·丹尼”（Jack Daniel's，威士忌名）的标志。同其他来这里的人一样，他想找一辆便宜车，于是看中了一辆橙色的讴歌（Acura），并和弗兰克一起试驾了一番。回来之后，他便打算买下。弗兰克没说太多话，因为他不怎么喜欢插嘴，经过讨价还价后，价格降到 3 200 美元，戴牛仔帽的男人把车开走了。这时已经是下午 1 点，SK 汽车公司做成了第一单生意。

下午 2 点，韦恩趴在办公桌上睡着了。

下午 4 点左右，史蒂夫卖掉了一辆 2003 年产、行驶了 11 万公里的道奇层云（Stratus），买家是一位女士，她想给上高中的儿子买辆车。到当晚关门的时候，SK 汽车公司总共卖出两辆车。

另一个星期六，我前往另一家二手车销售点，马里兰州罗克维尔市最大的汽车超市车美仕（CarMax）。它离 SK 汽车公司约 48 公里远，但形式上却有天壤之别。这里的顾客停车场比 SK 汽车二手车的停放点还要宽阔，而这里停放二手车的场地足足有飞机场那么大，其中还用字母做了标记，以便人们找到车的位置。它的接待大厅热闹得就像股市的交易厅：20 多张桌子，40 多名销售人员，顾客人头攒动。

但最大的区别倒不是规模或噪声，而是信息。在 SK 汽车公司度过的那个星期六，没有一位顾客会在上门之前对价格、竞争对手的情况以及汽车的质量做过哪怕是最基本的调查。而在车美仕，大约一半的客户手里都拿着提前在家里打印好的信息单，另一半的人则在自己的智能手机和 iPad 上调用数据。如果客户需要使用电脑，汽车超市还会负责提供。SK 汽车公司是为预算有限，信用糟糕到能容忍监控设备和高昂利率的客户服务的，故此仍能从信息不对称中获益；而车美仕则从完全相反的角度建立了自己的商业模式。

车美仕创办于 1993 年，该公司从一开始就怀着重塑美国人购买二手车方式的远大志向。20 年后，车美仕跻身《财富》500 强排行榜，每年销售汽车超过 40 万辆，年收入超过 90 亿美元。从创办之日起，它就尝试改变本章第一幅词云中那些人们对二手车买卖的惯有印象。

- 首先，它为每一辆车确立了固定价格，客户再也不需要讨价还价。这样一来，客户就不必担心被精明的卖家敲竹杠了。
- 其次，车美仕的销售人员大多数穿着印有公司商标的蓝色 POLO 衫，而不是穿西装打领带，他们完全靠提成来赚钱，但这些提成和汽车的售价无关。卖出一辆廉价车赚到的佣金和卖出一辆豪华车的佣金完全一样，这样一来，顾客也不必担心贪婪的销售人员逼自己买下根本负担不起的汽车了。
- 最后，车美仕毫无保留地提供信息。考虑到顾客自己就能找到有关车辆状况或过往历史的报告，车美仕索性将之免费公布。它还提供质保和认证，以解决顾客对汽车质量的担忧，即阿克洛夫在 1967 年的研究中所提到的状况。

当你走进店里，最形象的例子就摆在眼前。每名销售人员都坐在一张小桌旁边，客户坐在他的对面。每张桌上都有一台电脑，在以往大多数情况下，卖方会对着电脑屏幕，买方则对着电脑的背面；但在这里，电脑并不面向任何一方，而是斜放在两人中间，使买卖双方都能同时看到屏幕。这真是名副其实的信息对称。

没有讨价还价，佣金透明化，顾客能够充分掌握信息，这一切听起来非常开明，兴许也确实如此，但它们并不是这种新方法存在的原因。

真正的原因是：我在 SK 汽车公司的那个星期六，一整天里只来了 8 位顾客；而在车美仕的那个星期六，仅在开门头 15 分钟涌进来的顾客就不止这个数。

一如我们所见，"卖家谨慎"正变得与"买家谨慎"同等重要。不管你是在传统还是非销售的销售领域，低端路线都很难走得通了，而诚实、直接和透明的高端路线，则成为更好、更长久、更务实的做法。

然而，仍有一部分人对"人人都在做销售"的概念感到不舒服，其中的一部分原因我会马上进行说明。

第一个是"榆木脑袋"（blockhead）的神话。"我们这一行不需要天才。"富勒制刷公司的创始人阿尔弗雷德·富勒如此形容自己的销售队伍。这个神话认为，聪明人都去当工程师、律师了，而处在智力钟形分布曲线不利位置的人，就可以从事销售工作，因为销售不需要太多的认知能力。[①]但事实并非如此。你将在本书的第二和第

① 有一个精彩的例子足以说明这一观点：呆伯特漫画中有一个常规角色"狡猾的销售员肯尼"。有一集里，他和呆伯特去见公司最大的潜在客户，他们钻进汽车后，肯尼说："在路上的时候，跟我讲讲我们产品的具体技术规格。我想先准备准备。"呆伯特回答："我们的产品是米黄色的，用电驱动。""晕！"肯尼叫唤起来，"停停停！脑袋转不过来了！"

三部分看到，简单的事务性工作完全可以机械化、自动化，可当信息对称逐渐取代信息不对称时，打动他人就需要更复杂的技巧，它对智力和创意提出了更高的要求，以至于打动别人和设计房屋、分析 CT 扫描报告、写一本书相差无几。

第二个错误观念也是人们对销售不屑一顾的原因之一，即财迷神话（moneygrubber）。人们认为高效的销售人员是贪婪的，而成功的最佳方法，甚至唯一的方法，就是要像投币式自动贩卖机一样，一收到钱就运转起来。但还是那句话，并非如此。首先，非销售的销售，尤其是在教育和医疗等领域，与金钱毫无关系。大量研究表明，就算是对绝大多数从事传统销售工作的人来说，金钱也不是驱动力。此外，等你读到第 9 章末尾的“全新销售利器”部分，你就会发现，很多公司在取消了佣金制度、放弃了对金钱的重视后，反而提高了销售量。

第三个是许多人（包括我自己，直到开始为本书进行调研前）都相信天赋的神话。有些人天生就是做销售的，有些人却不是；有些人天生就擅长打动他人，而其余的人就没有这么幸运了。在这里，我们面对的是一个悖论：根本没有天生的销售人员，部分原因在于人人都是天生适合做销售。我们每个人都具备销售本能，也就是说，任何人都能够掌握打动他人的基本技巧。在本书接下来的内容里，我将告诉你如何掌握打动他人的技巧。

TO SELL IS HUMAN

第二部分

全新销售人才的3大素质

THE SURPRISING TRUTH ABOUT MOVING OTHERS

TO SELL IS HUMAN

THE SURPRISING TRUTH ABOUT MOVING OTHERS

04 内外和谐

哪怕只是掌握了一丁点儿权力，也会让人变得不容易根据他人的观点调整自己。要打动他人，换位思考更有效。在多样的销售新世界，像“变色龙”般有策略地模仿，才能烤出更大的馅饼。

内外和谐 Attunement

中文释义

Attunement，有“为乐器调音、使合拍、使协调”之意。源自词根 tune，指调整、调谐、（为乐器）调音。

在文中，Attunement 是指让自己的行为、观点与他人及所处环境和谐相处的能力，故在此译为“内外和谐”。

内涵层次

内外和谐在文中体现为两个层次。

- 一是指个人的外在和谐，即社会角色与外部环境的和谐。它要求我们在开始与他人接触时，把自己放在较低的位置上，把表面上的弱点看成事实上的优势。
- 二是指个人的自我和谐，包括心理和行为两个方面。心理和谐是指通过换位思考站在他人的立场看问题，进入对方的大脑比进入对方的心更有益；行为和谐是指策略性地模仿你的谈判对象，主动匹配对方的行为模式，以便双方相互理解。

在1992年的影片《大亨游戏》[①]中，4名三流的推销员窝在米奇和穆雷房地产公司在芝加哥破旧的办事处，这些推销员近来的日子不太好过。在一个大雨倾盆的阴沉夜晚，市中心的大老板派来了一个名叫布莱克［由亚历克·鲍德温（Alec Baldwin）扮演］的人，他是个穿定制西装的“冷血食肉动物”，目的在于帮那4个人成为更优秀的销售人员。

电影里有一个关于销售的经典场景：布莱克培训这些中年男人怎么销售。他用嘲笑开启了自己的培训过程，质疑销售人员们的男人味儿，并用恶狠狠的脏话咒骂他们。接着，他又转入恫吓：“这个月的销售竞赛活动，我们要加上一点儿内容。你们都知道，一等奖是一辆凯迪拉克。有人想知道二等奖是什么吗？”他举起了一个包裹，“二等奖是一套牛排餐刀。”他停顿了一下，“三等奖是：你被炒鱿鱼了。你们懂了吗？”

布莱克用老式的销售培训为自己的长篇大论做了总结。他翻

① 该影片根据大卫·马梅（David Mamet）获普利策奖、托尼奖的同名戏剧改编。

出一块黑板，指着自己写下的三个字母，“ABC，”他解释说，“A，always，一定。B，be，要。C，closing，成交。一定、要、成交。一定、要、成交。”

“一定要成交”是销售殿堂的基石。成功的销售人员就像是成功的猎手一样，要永不松懈地追逐猎物。每一句话、每一个动作，都必须为了同一个目标服务：推动交易以有利于你的方式结束。就像布莱克说的那样，让桌子对面的人“在订单上签下自己的大名”。

“一定要成交”，这句话便于理解，又朗朗上口、令人难忘。你可以把它看作建设性意见，让卖家关注交易的最终目的，哪怕生意才刚开始，或是进行了一半。但随着这一建议依存的条件逐渐走向没落，它的效力也有所减弱，当我们只有一部分人从事销售工作，买家的选择余地小，信息不对称时，“一定要成交”才是明智的忠告。但是，如果所有人都在销售，就没有谁能把持信息优势，布莱克的建议似乎就跟米奇和穆雷房地产公司办公室里的电动打印机和报价卡一样过时了。

重新测绘环境条件，就需要重新找到方向。因此，在本书的第二部分，我将介绍一套打动他人的 ABC 新三样：

A，Attunement：内外和谐

B，Buoyancy：情绪浮力

C，Clarity：头脑清晰

内外和谐、情绪浮力和头脑清晰这3项素质，是根据大量社会科学研究总结出来的。在21世纪这个全新销售时代，它们是有效打动他人的新要求。本章将从A（内外和谐）着手进行阐述，而为了帮助你理解这一素质，我想先请你想想另一个字母：E。

内外和谐的3大原则

> 哪怕只是掌握了一丁点儿权力，也会让人变得不容易根据他人的观点调整自己。进入对方的大脑比进入对方的心更有益。

现在来花点儿时间做个练习。如果旁边有人，你可以礼貌地对他提出请求，占用他30秒的时间，请对方做如下动作："首先，用你的惯用手尽快弹5个响指。接着，再尽可能快地用惯用手的食指在额头上画出字母E。"

现在看看对方在额头上是怎么画出这个E的：他画出的形式和图4-1中的哪一张照片一样？

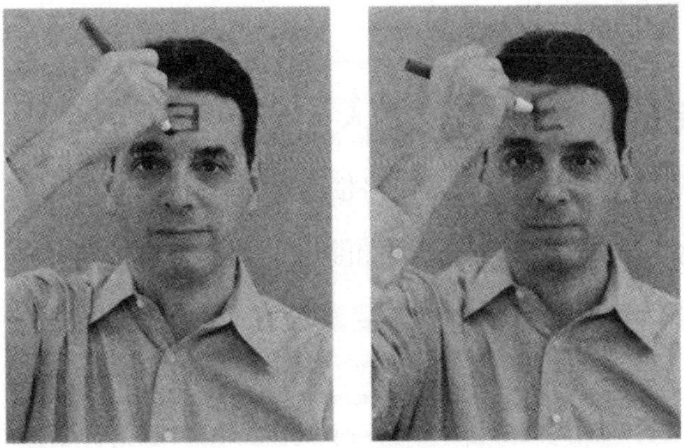

图4-1　E测试

两种方式之间的差异或许没有什么大不了的，但对方额头上字母 E 的方向，为洞悉他的思维方式打开了一扇窗。如果他画的 E 类似图 4-1 中的左图，那么他是为了方便自己读；如果类似右图，那么他是为了方便你读。

20 世纪 80 年代中期以来，社会心理学家就开始利用这种名为“E 测试”的技术来衡量一个人所谓的“换位思考”[①]能力。当面对与他人有关的不寻常或复杂情况时，我们是怎么理解的呢？我们是从自己的角度来研究它的吗？还是“具备跳出自我体验，想象他人情绪、观念和动机的能力”？

如今，换位思考是我们打动他人的第一项必备素质的核心。内外和谐是一种让自己的行为、观点与他人及所处环境和谐相处的能力，不妨把它想成是收音机上调节频道的旋钮。你可以随着环境的需要将频道调上或调下，并锁定传输内容，哪怕传输信号在一开始并不是特别清晰或明显。研究表明，有效的换位思考以达成内外和谐，取决于 3 大原则。

| 假装自己并不是手握权力的人 |

几年前，美国西北大学凯洛格商学院的亚当 · 加林斯基（Adam Galinsky）率领一个社会科学家团队进行了一次精彩的研究，探讨了换位思考和权力之间的关系。

---

① 我们常说的“换位思考”（perspective taking），在心理学上叫作“观点采择”。在生活中人们常常体会到，面对同样一个问题，如果出发点不同、看待问题的角度不同，得出的结论往往也会截然不同。这就是心理学的观点采择现象，它经常被形象地比喻为“从他人的眼中看世界”或者“站在他人的角度看问题”。——译者注

在加林斯基的研究中，研究人员将被试分为两组，两组在待遇上的唯一区别在于进行关键实验之前所做的事情：一组被试完成了一系列唤起权力感的练习；另一组被试完成了一系列旨在强调他们缺乏权力感的活动。

研究人员随后对两组被试进行了 E 测试。结果一目了然：权力感强的被试画出自我导向型 E（即图 4-1 的左图）的可能性比权力感弱的被试高 3 倍。换句话说，哪怕只是掌握了一丁点儿权力，也会让人变得不容易根据他人的观点调整自己。

现在你可以试试另一个测试。假设你和同事玛利亚一起去了一家豪华餐厅，这家餐厅是玛利亚的朋友肯推荐的，结果却成了一次可怕的经历。食物臭烘烘的，服务也糟糕透顶。第二天，玛利亚给肯写了一封电子邮件，表示："那家餐厅棒极了，我只能说棒极了。"你觉得肯会怎么看待这条评语？他会认为玛利亚的话是真诚的，还是在讽刺呢？先想一想，接着再往下读。

加林斯基和他的团队对上述场景略作调整，从另一个角度检验了换位思考与权力的关系。他们发现，实验所得结果和使用 E 测试时类似。权力感强的参与者大多坚信，肯看得出电子邮件里的讽刺意味；权力感弱的参与者则认为，肯认为玛利亚的话是真诚的赞美。谁的猜测是正确的呢？答案是权力感弱的参与者！他们猜对的可能性更大。别忘了，肯并不知道那天晚上发生了什么。除非玛丽亚从来就是个好挖苦的人，但在实验中并无证据说明这一点，因此肯没有理由怀疑朋友在说反话。认为肯从玛利亚的电子邮件里读出了讽刺意味的人，靠的是“特有的背景知识”，可肯并不具备这一背景知识。因此，研究人员得出结论：**权力让人过多地依赖自己优势地位的视角，无法根据他人的立场进行调整。**

这些研究结果作为一项规模更大的研究项目的一部分，指向了相同的结论：**权力和换位思考存在反向联系。**权力会让你从频道上的恰当位置偏移开来，扰乱你接收的信号，扭曲了明确的信息，让本就微妙的信息变得更加模糊。

这就得出了一条理解如何打动他人的重要认识。如果所有的好牌都握在卖家手里，不管他是电器商店里拿佣金的销售人员，还是诊室里手握各种资格证书的医生，换位思考的能力就不那么重要了，因为不管所指的信息是一台收音机的质量，还是治疗关节炎的经验，信息优势都赋予这些人倚仗权威发号施令，甚至胁迫、操纵他人的能力。可一旦信息优势衰败，由此带来的权力也就变弱了。

出于这个原因，**如今打动他人的能力依靠的是权力的反面：理解他人的立场，进入他人的头脑，透过他人的眼睛观察世界。**要做到这一点，你必须先从“一定要成交”的销售教条里跳出来：你要假装自己并不是手握权力的人。

加州大学伯克利分校的达契尔·克特纳（Dacher Keltner）等人所做的研究表明，地位低的人更愿意去换位思考。克特纳在一次采访中解释说，如果掌握的资源较少，你就会更迎合周围的环境。不妨把这一内外和谐原则视为一种说服的战术：**把表面上的弱点看成事实上的优势。在开始跟他人接触时，不妨假设自己处在较低的位置上。**这有助于你更准确地理解他人的观点，反过来，准确的理解又能帮助你打动他人。

不过，别误解我的意思。培养打动他人的能力，并不是要求你变成不耐打的弱者，或是一个无私奉献的圣人。一如下文第二条原则所示，内外和谐要更复杂。

多用心，更要多用脑

社会科学家们经常会将换位思考和共情看作一对异卵双胞胎，两者看似密切相关，但其实并不相同。换位思考是一种认知能力，主要是关于思考的；共情则是一种情绪反应，主要是关于感觉的。两者都很重要，但加林斯基、欧洲工商管理学院（INSEAD）的威廉·马达克斯（William Maddux）以及另外两名同事发现：若要打动他人，有一种方法更为有效。

2008年，有研究人员做过一次实验，模拟了出售加油站的谈判过程。与现实生活中许多谈判一样，这场谈判中设置了一个看似障碍的条件：买方愿意支付的最高价低于卖方愿意接受的最低价。然而，双方也存在其他共同的利益，若是谈得顺利，是有可能成交的。研究人员让1/3的谈判代表去想象对方有什么样的感受（共情组），再让 1/3 的人去想象对方是怎么想的（换位思考组），还有 1/3 是对照组，只给了一些平淡、通用的指示。结果怎么样呢？共情组达成的交易比对照组多，但换位思考组做得更好：76% 的人都达成了令双方满意的交易。

同样的情况也出现在另一种谈判环境中，该环境涉及招聘人员和求职者之间一连串棘手和具有冲突性的问题。这一次，还是换位思考组做得最好，且不光他们自己表现出色，连他们的谈判对手亦是如此。加林斯基和马达克斯写道："站到自己对手的立场上，能让双方都获得更大的共同收益，实现更有利的结果……换位思考组实现了经济效益的最大化，而且不曾牺牲自己的物质利益。"与此同时，共情也有效果，但不如换位思考效果好，而且"有时候还会阻碍双方发现符合自身利益的创造性解决途径"。

传统销售和非销售的销售往往涉及若干看似矛盾的紧要事宜，如合作与竞争，群体利益与个人利益。在"买家谨慎"的世界里，急于求成只会适得其反。但感同身受也不一定就是答案，因为这可能会牺牲你自己的利益。换位思考似乎能在两极之间进行恰当的校准，让我们和对方协调一致，同时维护住双方的利益。共情的确有助于建立持久关系，化解矛盾，按一位著名医生的说法，在医疗领域，共情能"带来较少的医疗失误、更好的诊疗效果，让患者更加满意……减少了医疗事故索赔，医生在工作中也会变得更开心"。

换位思考也有自己的价值和好处，不过要打动他人，换位思考更有效。研究人员表示，归根结底，**进入对方的大脑比进入对方的心更有益。**

内外和谐的第二大原则还意味着个体和原子一样，不能脱离群体、环境和背景而存在。因此，若需培养人的换位思考能力，不仅要从他自身入手，也要从他与别人的关系和联系入手。在过去15年里，社会网络分析研究领域揭示了这类关系、联系和信息流，然而在大多数销售环境中，我们并没有进行深入研究的条件，也不能利用社会网络分析师的那些先进的软件。因此，我们不能太过依赖GPS式的方向上的指导，而要靠直觉来导向。在服务业，这种内外和谐的本领叫作“有眼力”“擅读人”。只有这样，服务人员才能迅速解读群体动态，并相应地调整自己的风格。在打动他人的世界里，我称这种能力为社交测绘（social cartography），即在脑海中估计环境，绘制一张人与人互动关系的地图。

多伦多一颗冉冉升起的新星（已被IBM收购）——威利森特软件公司（Varicent Software）的创始人丹·施默尔曼（Dan Shimmerman）说：“在所有销售情境下我都这么做！对我来说，重点在于不仅要充分了解关键参与者，还要了解他们每个人的偏见和喜好。这非常重要。心象地图[①]能让人把握大局，从而把时间、精力和努力恰当地分配到正确的关系上。”依靠社交测绘，你不会漏掉任何一个关键参与

① 又称认知地图（cognitive map），是表征环境信息的一种心象形式，人们通过多种手段获取空间信息后，在头脑中形成的关于认知环境（空间）的抽象替代物，是空间环境信息在人脑中的反映。

者。谢默尔曼说："要是你花了一整年时间想卖东西给玛丽，最后却了解到原来戴夫才是决策者，那就糟糕透了。"

然而，内外和谐并非单纯的认知活动。一如第三大原则所示，它还需要一种行为上的构成。

策略性模仿，做有人情味的"变色龙"

人类天生擅长模仿。我们经常会无意识地照着别人的样子做事，模仿他们的口音和说话方式、面部表情、公开行为和情感反应。谈话对象抱起双臂时，我们会照做；同事喝了一小口水，我们也照做。可当我们注意到这种模仿行为时，往往会消极看待并轻蔑地说："有样学样。"嘲笑别人亦步亦趋、鹦鹉学舌，仿佛这种行为有失人类尊严。然而，科学家对模仿的看法却截然不同。对他们来说，模仿的倾向非常"人类化"，是一种可以充当社会黏合剂和信任标志的自然行为。不过，他们为这一行为起的名字却不那么友好，他们称之为变色龙效应。

加林斯基、马达克斯和斯坦福大学的伊丽莎白·马伦（Elizabeth Mullen）曾携手进行了一项获得业内奖项的研究，以检验模仿是否能深化内外和谐，提高一个人打动他人的能力。

TO SELL IS HUMAN
全新销售实验

研究人员使用了和之前研究相同的场景（出售加油站，以及招聘人员和求职者的谈判），但新增了一个维度。在练习开始之前的5分钟，一些参与者知悉了一条"重要信息"，该信息对其所执行的任务做了额外指令。

成功的谈判人员会建议，你应该模仿谈判对象的举止，以便达成更好的交易。例如，当对方摸自己的脸时，你应当照做；如果对方靠在椅子上，或坐在椅子上身体前倾，你也应当那么做。不过，他们还说，模仿的时机必须非常巧妙，不要让对方注意到你的小动作，要不然，就事与愿违了。另外，不要放太多的注意力在模仿上，焦点仍然是谈判的结果。因此，你应该找到一种前后一致、不让你分心的微妙模仿方式。

事实证明，策略性模仿成效显著。知悉模仿技巧的参与者做得出奇地好，也达成了极佳的效果，但其实他在收到通知后，只有短短 5 分钟的准备时间。在加油站场景中，会模仿对手举止的谈判代表，更有可能达成双方均能获益的协议。在招聘场景中，注意模仿的参与者比未曾模仿的参与者表现得更好，而且并未对另一方造成不利影响。研究人员将这篇论文命名为《变色龙烤出了更大的馅饼，也尝到了更大的甜头》(*Chameleons Bake Bigger Pies and Take Bigger Pieces*)。

加林斯基解释说，个中原因要到人类进化的根源上去找。在人类大脑进化的初始阶段，我们与周围的大部分人都有亲缘关系，能够相互信任。但随着群体规模的增大，人类需要更复杂的理解力和人际互动，故此，人们会根据环境的信号来确定自己能够信任谁。

在无意识中察觉到自己跟别人步调一致，就属于这方面的信号之一，也是我们主动匹配对方行为模式的方式之一。**把我们自己的举止和发声模式调整得与别人一样，以便双方相互理解，是内外和谐的根本。**

也有一些研究证明了模仿的有效性。荷兰的一项研究发现，逐字逐句重复顾客订单内容的女招待，收到的小费比改述订单内容的女招待要多 70%；同时，如果顾客遇到了会模仿自己的服务员，那么其用餐体验会更为满意。法国进行过一次销售研究，要求一半的零售店店员模仿顾客的表情和非语言行为，而对另一半店员未做此要求。在顾客寻求店员帮助后，79% 的人会从模仿自己的店员那里购买东西，而对未模仿顾客行为的店员，这一数值仅为 62%。此外，跟模仿自己行为的店员打过交道之后，顾客对店员和商店的评价都更为积极。在杜克大学进行的一次实验中，研究人员向被试展示一种据说是新上市的运动饮料，若是研究人员以微妙的形式模仿被试，那么被试有更大的可能性表示自己愿意购买该饮料，并预料该饮料将取得成功。

一如换位思考和共情是一对异卵双胞胎，模仿也有个亲近的“堂兄弟”：触摸。相关的研究同样丰富，其中大部分来自法国社会心理学家尼古拉斯 · 盖冈（Nicolas Guéguen）。有几项研究表明，要是餐厅服务员轻轻碰触顾客的手臂或肩膀，顾客会留下更多小费。盖冈的一项研究发现，在舞厅里，若是男伴在提出邀请时轻触女伴的手臂一两秒，那么女伴更容易答应与对方共舞。此外，在男性索要女性的电话号码时，情况也是一样。当然了，这两项研究都是在法国进行的。另一项研究中，研究人员向陌生人收集请愿签名，正常情况下，约有55%的人会照做。但要是研究人员碰触对方的上臂，这一比例就会飙升到81%。就算在我们最喜欢谈论的二手车销售情境中，触摸同样有用。如果销售人员（几乎都是男性）轻轻碰一下准买家，那么这些买家对他们做出的评价会远远高于没有碰触自己的销售人员。

当然，**模仿和其他内外和谐行为一样，需要灵活的技巧。**一旦人们知道同自己接触的人在蓄意模仿自己（在上述提到的实验中极少发现），便会带来相反的后果：他们会对你产生敌意。将自己的立场与他人调整一致，并不意味着你一定要说自己去过潜在客户度过假的地方，或是你有个叔叔住在对方的家乡。那不是内外和谐，而是说谎。个中关键在于，有策略，讲人情，也就是说，**讲人情要讲得有策略。**

格温·马丁（Gwen Martin）就深知个中奥妙。她从销售人员做起，开始了自己的职业生涯，2007年，她与合伙人创办了NumberWorks。这是一家人才中介公司，总部位于明尼苏达州的明尼阿波利斯市，专门为在复杂项目上有需要的组织提供会计和金融专业人士。这家公司在整个行业里是发展速度最快的一家，我听说，原因之一就在于马丁极强的销售能力。

于是，我动身去往明尼苏达州，还在事后做了一轮电话访问。我向马丁请教，有效打动他人需要具备什么样的素质。当时，我还没接触过以上的这些研究，她更是一点儿也不知道，但让我惊讶的是，马丁一直反复提到销售环境下很少出现的一个词：“谦逊”。她对我说：“真正精于此道的人，最大的共同点就是谦逊。他们采用的态度是，‘我坐小椅子，这样你才好坐大椅子。’”这就是通过约束自己的权力进行换位思考，也是内外和谐的第一大原则。

马丁还说，顶尖的销售人员情商很高，同时又能控制住情感联结，不让自己跟着情绪走。他们会对他人想法的驱动核心感到好奇，从而问一些相关的问题。这就是内外和谐的第二大原则：多用心，更要多用脑。

最重要的一点是：“不管面对的是老奶奶，还是刚毕业的 MBA，你都必须有能力与之保持同步，建立联系”。她是怎样描述这种能力的呢？她说：“可能这听起来很奇怪，但我把这种能力叫作‘变色龙’。”

外向的人不一定是最优秀的销售

> 性格内向的人“挡位挂在观察上”，性格外向的人“挡位挂在回应上”。而我们大多数人都是性格中向，从某种意义上说，我们天生就是销售好手。

性格外向的人能成为最优秀的销售。从这一性格的标准定义上看，得出这个结论的原因很明显：“特别外向的人好社交，自信、活泼，会寻求刺激。”打动他人需要与他人互动，而社交环境可能会让内向的人筋疲力尽，但让外向的人乐此不疲。外向的人与他人在一起会感到舒服，这意味着他们能自信地提出要求。无论是说服潜在客户聘请你的公关公司，还是请火车上的陌生人跟你换个座位，这种自信都能帮得上忙。外向的人友好、合群，更容易投入热闹的谈话中，建立关系，甚或最终达成交易。外向的人天生爱寻求刺激，由此焕发出来的能量和热情可以感染他人，从而有利于完成各种影响或说服别人的工作。由此，好社交、自信、活泼、寻求刺激，成为打动他人的理想性格特征。

许多分析人士说，“在美国文化中，销售人员代表了典型的外向性格”，是“理想外向人”的化身，也正是他们塑造了西方社会。这不足为奇，外向的人往往会去从事销售职业，而大多数销售指南也高度赞扬这种外向性格和社交能力。研究证实，在招聘销售人员时，管理者会有意识地寻找具备这一性格特点的人。“性格外向的人是最优秀的销售”这个观念太深入人心了，以致我们都忽视了一个小小的缺陷：几乎没有证据能够证实这一点。

社会科学家在研究外向性格和销售成功之间的关系时，所找到的相关性很“脆弱”，而这个用词已经是最体面的了。举个例子，上司经常会给外向性格的销售人员很高的评价，但有多名研究人员发现，外向性格与销售业绩等没有明显的统计关系，与销售量也没有关系。学术界曾进行过一次最全面的调查，对涉及 3 806 名销售人员的 35 组独立研究做了三重分析，结果发现外向性格和销售之间基本不存在相关关系。在分析中，正相关性是用 0 ～ 1 的量表来衡量的，数值越高，如 0.62，便暗示联系越密切，0 则表示完全没有相关性。在所有 35

组研究中，外向性格和销售业绩之间的相关性是个微不足道的数字：0.07。这是否意味着性格内向的人，即那些轻言细语，喜欢家里的书房多过鸡尾酒会的灵魂，才更擅长打动他人呢？并非如此。事实上，按照新近研究提供的证据来看，事情还要有趣得多。

亚当·格兰特（Adam Grant）是宾夕法尼亚大学沃顿商学院的管理学教授，更是美国最顶尖的青年社会心理学家之一。他之前对外向性格做过一些研究，并对此感到奇怪：人们早就把这种性格跟销售挂了钩，可它为什么竟然与一个人在这个领域的成功没有什么关系呢？于是，他决心一探究竟。

TO SELL IS HUMAN
全新销售实验

格兰特从一家设有销售产品电话中心的软件公司收集了数据。一开始，他请 300 多位销售代表完成若干项性格评估，其中包括社会学家用来衡量一个人的性格是内向还是外向的量表。这份评估量表罗列了诸如“我是聚会狂”“我和陌生人在一起会很安静”等陈述句，并要求被试按 1 ～ 7 分给自己打分，这样就能够以分值的形式度量被试的外向程度。接下来，格兰特又跟踪了销售代表们接下来 3 个月的收入情况。

性格内向的销售代表业绩不如性格外向的销售代表，这可能并不奇怪，前者每小时的平均收入是 120 美元，后者则为 125 美元。但不管是内向的还是外向的销售代表，都不如第三个群体：中向性格的人（见图 4-2）。

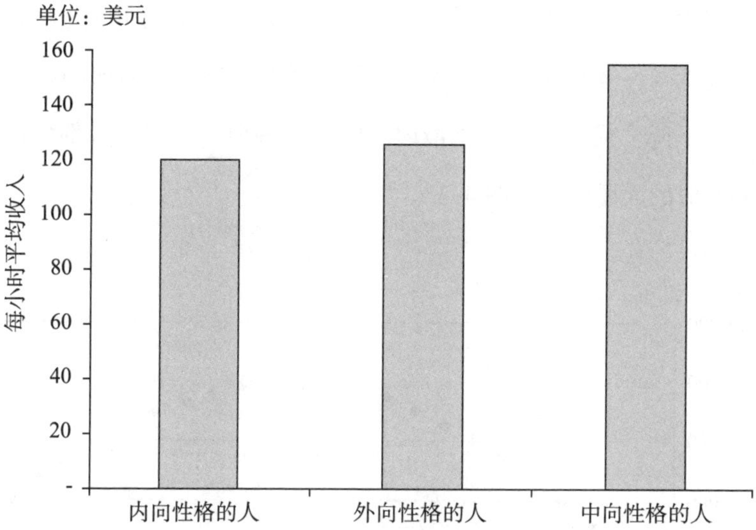

图 4-2　哪种性格的人销售业绩最好

资料来源：Adam Grant, University of Pennsylvania。

中向性格……这是怎么一回事？

中向性格的人，既不过分外向，也不过分内向。让我们回到以 1 ～ 7 分为尺度的内外向性格量表，中向性格的人差不多正处在中央的位置。他们的数值不是 1 或者 2，也不是 6 或 7。

根据格兰特的研究，这种“邻家好孩子”性格的人（既不太热情，也不太冷淡）每小时的平均收入接近 155 美元，轻松击败了另外两种性格的对手。事实上，平均收入最高的销售人员（每小时 208 美元）在内外向性格量表上的得分为 4.0，不偏不倚，恰在正中。

而且，当格兰特把 3 个月的总收入与员工的量表得分对照，绘制成图表的时候，他发现了一种独特的模式，颇能说明问题。收入在分值为 4 ～ 4.5 时达到最高峰，并分别随着外向和内向的显著程度有所下降。最外向的人比最内向的人表现要好，但两者都比性格不偏不倚的人要低（见图 4-3）。

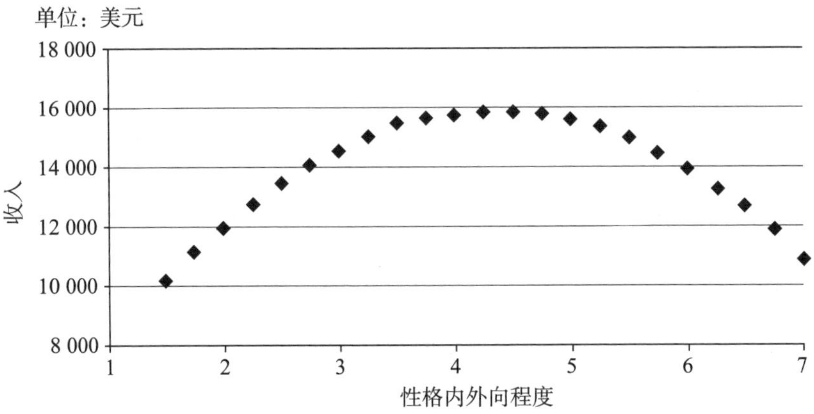

图 4-3　按性格内外向程度划分的销售收入

资料来源：Adam Grant, University of Pennsylvania。

格兰特写道："这些调研结果对'业绩最高的销售人员是外向性格'的顽固信念提出了质疑。"研究所证实的事实恰恰相反，**太过外向反而有损业绩**。例如，《哈佛商业评论》刊登的两份专业销售人员研究显示，业绩最高的销售人员并没有像业绩低于平均水平的销售人员那么合群，且最好社交的销售人员往往业绩最差。在美国和欧洲对顾客进行的一次大规模研究中发现，销售人员最具破坏性的行为并不是信息不灵光，而是过分自信和热情，太过频繁地联系客户。换言之，外向性格的人往往因为外向而吃闭门羹，他们说了太多的话，倾听却太少，从而妨碍了他们理解顾客的观点。他们可能无法在自信与克制之间达成恰当的平衡，看起来太急于求成，硬生生吓跑了顾客。[①]

不过，答案并不会因此就偏转到性格频谱的另一端，性格内向的人也要面对另一种截然不同的挑战。他们可能会因为太过腼腆而无法展开行动，太胆小而不敢靠近他人。处在性格频谱两极的人，最好的办法是模仿落在了中间的那些人。正如一些研究人员所指出的那样，性格内向的人“挡位挂在观察上”，性格外向的人“挡位挂在回应上”。而任何形式的销售，不管是传统销售还是非销售的销售，都要求销售人员在观察和回应之间达成微妙的平衡。中向性格的人就能够找到这种平衡，他们知道什么时候该说话，什么时候该闭嘴。他们有着更多样的技巧，能在多样的环境下和性格多元的人达成和谐。**中向性格的人更擅长打动他人，因为他们是技巧最娴熟的协调者。**

对于绝大多数人来说，这应该是个好消息。让我们再看看图4-3中的曲线形状。它跟内、外向性格者在人口中的分布情况也很类似。有少数人性格外向，少数人性格内向，而绝大多数人都是性格中向，落在中间，高高兴兴地跟周围的人保持和谐。所以从某种意义上说，我们天生就是销售好手。

---

① 富勒制刷公司创办人阿尔弗雷德·富勒很早以前就洞悉了这一点，他在回忆录里写道：“从前，我以为销售人员应是健谈客，魅力大得能让门把手买下黄铜抛光剂。”然而，“富勒推销员往往并不像漫画里性格外向的人……他们往往相当害羞，并用谨慎的自信掩盖这一特点。”

与他人构建和谐一致的关系

摸索谈话的最佳方式

称心的生意，浪漫的关系，生活中所有美好的东西都是从谈话开始的，一对一的对谈是人类最强有力的协调形式。对话能帮助我们理解他人，和他人建立联系，而其他的物种并不具备此种能力。

但展开对话，尤其是和一个你并不熟悉的人展开对话的最佳方式是什么呢？你该怎样才能让对方放松心情，发起互动，与你建立和谐关系呢？

这里可以参考一下吉姆·柯林斯的方法。他说，自己最喜欢的开场白是：**你从哪里来？**

这样的措辞能让对方以多种方式作答。他可以用过去式来介绍自己的过往（“我在柏林长大”），也可以用现在式介绍所在的组织（“我是从千叶兴业银行来的”），还有其他一些角度（“我住在洛杉矶，但正打算换个地方”）。

这个问题还改变了我自己的做法。因为我

喜欢听别人讲述自己的工作经历，所以常常会问别人：你是做什么的？但我发现有些人听到这个问题时会显得很局促，因为他们不喜欢自己的工作，或是认为自己的表述会招来别人的不当判断。柯林斯的问题要更友好、更和谐，因为它能让人打开心扉，而不是封闭自己，而且它总能触发一场有趣的对话。

练习策略性模仿

格温·马丁说，卓越的销售人员成功的奥妙在于，他们有着“变色龙般的本领”，能根据他人调整自己的做法。那么，你该怎样让自己变得更像变色龙，掌握策略性模仿的技巧呢？

以下是三个关键的步骤：观察、等待和放松。

1. **观察**。观察别人在做什么。他是怎么坐着的？他跷着二郎腿吗？他的手臂放在哪儿？他的身子是往后靠的吗？他向哪一边倾斜？他的脚尖是一扬一顿的吗？他在转笔吗？他怎么说话，语速是快还是慢？他常常使用某种特定的表达方式吗？
2. **等待**。观察之后，不要立刻付诸行动，等待，让现状保持一会儿。如果他靠在椅背上，那么你就从 1 默数到 15，然后再考虑身体也往后靠。如果他提出了一个重要观点，等谈话稍微进行一会儿，你再原封不动地重复他的这个观点。但别做太多次，这可不是每次模仿都能得分的比赛。
3. **放松**。模仿了一阵子后，试着放下你对自己行为的关注。请记住：模仿是人类自然而然就会做的事情，所以到了一定程度后，这种模仿会变得毫不费力，就跟开车一样。我们都知道，第一次学开车时，你必须意识清醒、深思熟虑。可一旦你积累了经验，就可以本能地驾驶了。

同样，这里的目标并不是弄虚作假，而是基于人类本性的策略。《纽约时报》曾报道："微妙的模仿会被人视为一种奉承，是魅力本身的肢体舞动。如果经过这样的奉承都没能做成生意，那恐怕是因为顾客本身就不想买。"

为客户留一把空椅子

亚马逊网站创始人杰夫·贝佐斯在48岁时已经大有所成。他改变了整个零售行业，成为全世界最富有的30人之一。但关于他，还有一点可能并没有多少人知道：他设计出了我见过的最佳的内外和谐实践。

和大多数公司一样，亚马逊有很多会议。但在最重要的会议上，在管理人员、营销专家和软件开发人员一一就座后，贝佐斯总会额外留出一把空余的椅子。这把空椅子是为了提醒与会者谁才是会议室里真正的最重要的人：顾客。

亚马逊西雅图总部的空椅子已经成为业界传奇，鼓励着与会者站到顾客的立场上思考。顾客是怎么想的？他的愿望是什么？他又担心些什么？他对我们提出的想法是怎么看的呢？

你也不妨在工作、生活中试一试。如果你正在制作演示文稿，空椅子代表了受众及其关注点；如果你正在为推销电话收集素材，空椅子能帮助你想到对方有可能提出的反对意见和问题；如果你正在准备教案，空椅子可以提醒你要从学生的角度去看待事物。

让自己和他人保持和谐，就是退出自己的视角，进入他人的立场，这是打动他人必不可少的环节。**进入他人头脑的一条聪明、简单又有效**

的途径，就是坐在为他们而留的椅子上。

发现中向性格的无形力量

亚当·格兰特发现，最有效的销售人员大多具备中向性格，也就是介乎内向与外向之间的性格。你也属于这样的性格吗？

访问我的网站：http://www.danpink.com/assessment，里面有一张社会科学家用来评估内向和外向程度的量表，只要5分钟就能做完，之后你会得到一个分数。

如果你发现自己是中向性格的人，那么恭喜！你的各项都很平均，保持现在的做法就行了。

如果测试结果表明你是外向性格的人，那么试着练习一些内向技巧，例如，**少下论断，多提问题**。每当你察觉到自己有下论断的冲动时，克制住。最重要的是，少说多听。

如果你是内向性格的人，试着学习一些外向技巧。**抢先提出你的“要求”**，这样你就不会在关键时刻畏缩不前了。尽管这听起来有点儿傻，但你要有意识地微笑，坐直身体。就算不舒服，也要大声说出你的观点。

我们大多数人都不具备极端性格，不是特别外露，也不特别内敛。我们处在中间，故此能够向外向内，让自己切合环境的要求，从而发现中向性格的无形力量。

和时间旅行者对话

在第8章中，你会遇到凯茜·萨利特（Cathy Salit），她有一种练习方法，能帮助演员培养即兴发挥能力，也能锻炼人内外和谐的能力，她称之为“和时间旅行者对话”。练习不需要任何道具或装备，只需要一点点想象力，以及大量的努力。以下是具体步骤。

召集几个人，让他们设想一种300年前的人还不认识的东西，如交通信号灯、外卖比萨、机场的安检机等。之后，大家分成两组，每一组选一种东西，并让一个人扮演从18世纪初穿越来的古人，其他人则要向他解释选中的东西是怎么一回事。

这件事说起来容易，做起来可困难多了，因为300年前的人的视角与我们有着很大的不同。举个例子，若要说明白司机开着汽车从自提窗口购买麦当劳汉堡，就需要先解释一堆隐含其中的概念：拥有汽车是怎么一回事？人是怎么吃得下在300年前的人的眼中分量多到荒唐的大块鸡肉？信任一个你从来不曾遇见、未来恐怕也不会再遇见的人，又是怎么一回事……

萨利特表示：“对于你所提供信息的可理解性，这个练习提出了很直接的挑战。由此，你不得不去考虑他人的世界观。”而现在，我们人人都该这么做。

感知环境变化，绘制社交地图

要看清他人的观点，有时候需要一张地图。这里有两种新的地图类型，能说明人们从哪儿来，会到哪儿去。

1. 讨论图

在下一次开会的时候，请画一幅讨论图，它能让你洞穿七嘴八舌的意见，揭示在场人士的社交形势。首先画一幅图，把会上每个人的位置都标记在内，会议开始时，谁先开口说话，就在那人的名字边上打个叉。之后每次有人说话，就在对应的名字边上画个叉。如果有人的意见是专门针对另一个人而非整个小组的，就在说话人到接收人之间画一个箭头。等会议结束，你的讨论图也画好了：谁发言最多，谁基本上袖手旁观，谁是众人批评或哄骗的对象，一目了然。就连愈加普遍的电话会议，你也可以如法炮制。事实上，这种情况下还更容易画图，因为没有人看得到你！如图4-4所示，JW发言最多，大多数的议论是针对AB的，SL和KC基本上没怎么参与。

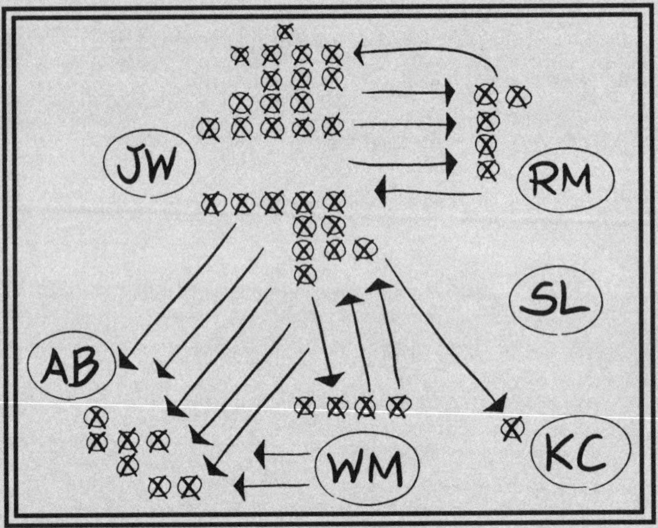

图 4-4　会议讨论

2. 氛围图

为了清晰地感受到特定环境，可以试着在一张图上画出环境随时间有怎样的变化。举例来说，如果一场会议涉及打动他人，那么先标示出会议开始时的氛围，以 1（消极，抗拒）到 10 分（积极，开放）衡量，会上的“温度”是多少？等会议进行到一半的时候，再观察一下氛围，“温度”是有所改善，有所恶化，还是保持不变？记下此刻的分值。会议临近结束时再评估一次。我们可以把它看成一份情绪天气图，它能帮助你认清现场环境是变得更明朗了些，还是乌云盖顶、风暴将至。

依靠你保持内外和谐的能力，就算你不是天气预报员，也能知道风会向哪个方向吹了。

玩“镜子”游戏

每当人的外表或现场情况出现细微变化时，你能否及时观察到并据此进行协调？以下是一个变革管理顾问最喜欢的团队练习。它有助于你解答上述问题，并加以改进。召集你的团队，说明如下步骤：

1. 每个人找一个搭档，面对面站30秒。
2. 两人都转身，背对着搭档。
3. 转身之后，每个人都对自己的外表稍作调整，如取下耳环，戴上眼镜，解开衬衣等（注意：在人们转身之前，不要提出这个要求），然后等60秒。
4. 转过身，看看你和你的搭档能否发现彼此身上的变化。
5. 和同一个搭档重复上述过程两次以上，每一次都对外表稍作不同的调整。

完成之后，展开简短讨论。哪些变化人们注意到了？哪些变化人们一般注意不到？擅长发现他人身上的细微变化，是否取决于一开始就谨慎观察，精心协调？下一次碰到同事、客户或学生时，这一体验会给你带来什么样的影响？

寻找共性

著名社会心理学家罗伯特·西奥迪尼[①]进行的一项研究表明，我们更容易被自己喜欢的人说服。而我们喜欢对方的原因之一是，他们能提醒我们注意到自己。寻找相似之处有助于你和他人保持和谐，也有助于他们与你相协调。以下是一个很适合团队进行的练习，能带给人一些启发。

以三四个人为一组，对他们提出一个问题：我们两两之间，抑或所有人之间有什么共同之处吗？要跳出一见便知的表象。例如，大家都有弟弟吗？去年大多数人都去了迪士尼吗？有人是狂热的足球迷、歌剧爱好者或者业余奶酪制作高手吗？

定时 5 分钟，看看你们能找出多少共同点来，结果也许会让你感到惊讶。寻找看似微不足道的相似之处，如“天哪，我也养了一条宠物狗”等，看似平常，甚至还会有人觉得这是“没话找话”，但这种看法是不对的。这里的相似，指的是真正的相似，而不是生编硬造出来的，它是人类相互联系的一种重要形式。**若是存在共同的基础，人们更容易一起行动。**

---

① 罗伯特·西奥迪尼经典著作《影响力》对说服进行了科学、系统性的解释，告诉我们为什么有些人具有说服力，而我们总是容易上当受骗。该书中文简体字版已由湛庐引进，北京联合出版公司于 2021 年出版。——编者注

TO SELL IS HUMAN

THE SURPRISING TRUTH ABOUT MOVING OTHERS

05 情绪浮力

不加抑制的浮力让你变得轻狂、浮躁和不现实；不加抑制的重力则让你在大堆的痛苦中下坠。然而一旦两者适当结合，就能让你在深广而又险恶的拒绝海洋里泰然自若。

情绪浮力 Buoyancy

中文释义

Buoyancy，有“浮力、(从失望、噩耗等中)恢复正常的能力、恢复乐观、维持力、恢复力、增长趋势、轻松的心情”之意。

在文中，Buoyancy是指一种结合了坚韧精神与阳光外表的素质，是在“拒绝的汪洋大海”中浮出水面的能力，有乐观、坚持、复原、积极、热情之意，故在此译为“情绪浮力”。

内涵层次

情绪浮力在文中包含3大构成要素，分别适用于销售的事前、事中和事后。

- 一是事前不要自我鼓励，而要自我问答。提问式自我对话能让人得出做事的原因，并意识到很多原因源于内心。
- 二是事中要找到积极情绪与消极情绪的魔力比值3：1。积极情绪与消极情绪之间就如浮力和重力之间的相互制约，一旦两者适当结合，就能让你如鱼得水。
- 三是事后要秉持积极的解释风格。将消极事件也解释成积极事件，由此带来的不是软骨头的白日梦，而是意志坚强的情绪浮力。

星期三上午，也就是富勒刷具推销员诺曼·霍尔向旧金山两位律师卖出了价值150美元的地毯清扫机等清洁产品的第二天，他来到了律师事务所，把货品交给她们。但他到达的时候，两位律师都不在，于是，霍尔和我在大厦7楼一角的休息室里歇脚。这个房间是你在大多数办公大楼内都看得见的那种通用布局：靠墙是个小厨房，房间中央摆着一张普普通通的小桌，放着几张普普通通的椅子。它给了我们一个喘息的地方，我们坐下来，聊起了霍尔的生活，只等着顾客出现，他好把货品交出手，并继续接下来的工作。

谈话进行了半小时左右，大厅里的一位女士走进休息室，准备煮咖啡。等她转过身，霍尔朝我举起食指，示意自己想要暂时中断我们之间的谈话。他要跟那位女士聊聊。

“您在那边的新事务所工作吗？”他问。

“是呀。”女士回过头说，但并未转过身。

“我跟这里的两位律师相识好多年了，也经常来拜访。请容我自我介绍一下，不知您是否感兴趣，但我在这个城区已经活动了快 40 年了。”霍尔说。

女士依然背对着霍尔，不带半点情绪地“嗯”了一声。

“我敢保证你听说过富勒刷具。”霍尔开始了他的销售。

“是啊……我们……呃……”她尴尬地回答。很明显，这次偶遇成了一场掐着钟点计时的游戏。她的咖啡会在霍尔说完自己的销售开场白之前煮好吗？“我想我们没什么特别需要的东西。”

滴……答……答。

“我可不会硬逼着别人买东西。”霍尔宽慰女士，语调平静，时间也站在他这边。

滴……答……答。

“啊……好吧。”女士语调升高，就像是想赶紧结束谈话似的，“谢……谢……你……”

霍尔假装没有注意女士的态度。“我随身带着产品目录呢。我主要为部分事务所提供小型清洁用具，所以才会来到这里。”

女士转过身，抱着胳膊，视线在霍尔和咖啡之间来回游移。霍尔解释说，楼里的两位律师已经是他 15 年的主顾了，他现在正等着把前一天她们订购的东西送去。他再次对女士说，他在这儿附近工作了40年。他反复说，自己不会逼迫别人，因为他不是那种急于求成的销售人员，只不过他觉得有些产品女士可能用得上，且只要几分钟就能介绍完，不会浪费大家的时间。

滴……答……咖啡弄好了。

“好……”女士拉长了声音，干脆的“不需要”变成了有点儿迟疑的“说不定”，“这样吧，你走的时候顺便到我们事务所来一趟”。

霍尔问过名字，得知了她叫贝丝。然后，女士端着刚煮好的咖啡退了出去。沉默充盈着整个房间，霍尔等贝丝完全走远，才向我这边倾过身子说：“瞧，就是这么开始的。”

情绪浮力的3大构成要素

> 若要给销售的世界画幅地图，那么最突出的地形特征就是深广而又险恶的海洋。所有从事销售工作的人，都必须和一波又一波的拒绝与反悔作斗争。

霍尔会开始销售富勒刷具，是因为先前破了产。霍尔出生在纽约市，母亲是俄罗斯人，负责照料全家；父亲是苏格兰人，为一家出版公司的销售代表。霍尔小时候还当过儿童演员，而在高中毕业后，他就读于康奈尔大学，有意成为一名医生。他告诉我：“但很快我就明白了，医生不是最适合我的职业。我用在表演上的时间比学医要多得多。”

在服完兵役后，霍尔回到纽约，打算认真投入职业演艺事业，但这很困难。因为他需要一份稳定的收入，于是他跟随父亲的脚步，成了一家出版公司的业务员。不久，他来到旧金山，为格罗夫出版社（Grove Press）开设了西海岸办事处，该出版社曾出版过不少名作。短短几年后，办事处关了门，霍尔的婚姻也触了礁。之后，他又开了一家餐厅，仍以失败告终，并花光了所有积蓄。

那是 20 世纪 70 年代初，霍尔说："我口袋里只有一枚硬币，便去应征了富勒刷具推销员，因为这能迅速获得营业周转资金和现金流。"但在第一个星期，他就有过 4 次想要放弃的念头。虽然霍尔之前也干过销售，对顾客的拒绝从不陌生，但他还是觉得上门推销是个特别残酷的差事。人们的拒绝来得又快又猛，往往还恶语相加，"砰"的一声把你关在门外。但每当他想放弃的时候，旧金山办事处的一位资深销售人员就会把他拉到一边。这个家伙名叫查理，被霍尔形容为一个"典型的富勒刷具推销员"，他鼓励霍尔说，现在听到的这些"不要"只是整个过程的一部分，他应当"继续走下去，走下去"。

"幸好那个星期结束后，我拿到了一份很优厚的报酬。"霍尔说。

霍尔继续走了下去，同时也不忘试着逐梦演艺圈，寻找其他养活自己的路子。他说，一开始销售只是一件每天例行的事务，"但 5 年之后，我终于意识到，这就是我的事业了，我做得挺好的"。

这倒不是说一切从此就变得容易起来。最让他筋疲力尽的，不是靠着 75 岁的老胳膊老腿儿，每天拖着沉重的样品箱上上下下那大大小小的坡道，来来回回徒步 8 公里，而是某种更深层次的东西。每一天，当他开始这项例行工作的时候，霍尔总会面对所谓的“拒绝的汪洋大海”。

若要给销售的世界画幅地图，那么最突出的地形特征就是深广而又险恶的海洋。所有从事销售的人，不管是尝试说服顾客买东西，还是让同事有所改变，都必须和一波又一波的拒绝与反悔作斗争。

如何在拒绝的汪洋大海里浮出水面，是打动他人的第二项必备素质，我把这一素质称为“情绪浮力”。霍尔就充分体现了这种素质，最新的社会科学研究也对此做出了解释。如果你了解了情绪浮力的 3 大构成要素，并分别应用于打动他人的事前、事中和事后，你就能有效地将之应用到自己的生活中。

事前，不要自我鼓励而要自我问答

> 如果一个人的动力来自自主的选择，而不是外在的压力，那么他更有可能采取行动，而且做得更好。

霍尔说，销售最困难的部分，就发生在他那双擦得亮闪闪的皮鞋还没有踏上旧金山的街道之前。他说，最艰巨的挑战在于：“让自己迈出房间，面对他人。我最先要面对的，是脑海里那个身形庞大、看不清面孔的陌生人。”

针对霍尔的迟疑，大多数的销售人员和成功大师会提供一种标准的补救措施：给自己打气。霍尔应当用几分钟时间来自我提醒：他是多么强大，不可阻挡。

知名畅销书作家奥格·曼狄诺（Og Mandino）的一本励志书，为20世纪的销售规则奠定了基调。他推荐的做法是，我们每个人都应该对自己说："我是大自然最伟大的奇迹，我会成为全世界有史以来最了不起的销售。"20世纪全美畅销书《思考致富》（*Think and Grow Rich*）的作者拿破仑·希尔（Napoleon Hill）曾写道，销售的第一步就是自我暗示："销售人员要自我灌输对待售商品或服务，以及对自身能力的信心。"从美国激励大师安东尼·罗宾（Anthony Robbins）到英国著名心理治疗师保罗·麦肯纳（Paul McKenna），以至全世界任何地方的销售培训课程，所提供的建议都惊人地一致：告诉自己，你能做到。在你内心树立起一个不可动摇的信念，就像是驾起了一艘坚固的木筏，让你能从拒绝的汪洋大海里漂浮起来。不过，社会科学却指出了一条与此略有不同的道路。

人类随时随地都在自言自语，实际上，我们可以把这些自言自语分门别类地归纳一下。其中有一些属于积极型，如"我很强""我做得到"，或者"我会成为世界上最了不起的销售"。另一些（其中大多数是对一小部分人来说）是消极型，如"我太虚弱了，跑不完这场比赛""我的数学总是学不好"，或者"我没办法把这些百科全书卖出去"。但不管这些自言自语是在给自己打气，还是让自己泄气，它往往都是在下论断。它指出了什么东西是什么样子，或者会成为什么样子。

不过，你应当效仿的榜样人物采取的却是另一种方法。这个人名叫“建筑工人鲍勃”，如果在过去15年里你没怎么接触过学龄前的小孩子，我就先在这里迅速给你补补课好了。鲍勃是一部定格动画[①]中的角色，他穿着连体工作服，戴着安全帽，开着一家建筑公司。1999年，以他为主角的儿童节目在英国开播，并逐渐推广到40多个国家的少儿频道。鲍勃总是置身于各种棘手的状况之中，逼得他施展各种传统销售或非销售的销售能力。和我们所有人一样，鲍勃喜爱自言自语，但他的自言自语既不是积极型，也不是消极型。为了打动自己和整个团队，他会提出一个问题：我们能解决这件事吗？

曼狄诺、希尔、罗宾和麦肯纳的信徒们或许会为此大惊失色：怎么能容忍这种对自身能力的质疑穿透我们的心灵之窗呢？但社会科学家最终发现，鲍勃做得对。没错，积极型自言自语通常比消极型自言自语更有效，**但最有效的自我对话并不只是提升情绪，它还调整了语言的类型：从下论断变成提问题。**

2010年进行的一系列实验中，伊利诺伊大学的易卜拉欣·塞奈（Ibrahim Senay）、多洛雷斯·阿尔瓦拉辛（Dolores Albarracin），以及南密西西比大学的野口贤二证实了“提问式自我对话”（interrogative self-talk）的效力。

① 定格动画（stop-motion animation）是一种通过逐格地拍摄对象，然后连续放映的动画形式，它能产生仿佛活了一般的人物或任何你能想象到的奇异角色。——译者注

TO SELL IS HUMAN
全新销售实验

在第一个实验中，研究人员让被试尝试解决10个拼单词的谜题，例如，将when的字母重新排列，拼出“hewn”。研究人员把被试分为两组，并给予完全相同的对待，只不过在被试开始解题之前的一分钟，研究人员会让第一组被试问问自己能否解出谜题，让第二组被试自我暗示肯定能解出谜题。平均而言，自我提问小组解出的谜题，比自我肯定小组多50%。

在第二个实验中，研究人员找来一组新的被试完成一轮新的字谜，但这一回，他们用了一招“声东击西”的把戏：“我们先告诉被试，我们对人们的字迹很感兴趣。我们打着这个幌子，给了被试一张纸，让对方将以下词组连写20次：‘Will I（疑问式：我将……吗？），I will（肯定式：我将……），I（我），或者Will（将）’。”之后再开始解题。

所得结果大同小异。事前写“Will I”的人，解出的谜题比写“I will”“I”或者“Will”的人要多两倍，随后的实验保持了这一基本格局。采用“建筑工人鲍勃”的提问式自我对话的人，在任务中的表现比采用陈述式自我对话（declaration self-talk）的人要好。

原因要从两方面来看。

第一，疑问这种形式，本身就是在引出答案。在这些答案中，蕴含着实际执行任务的策略。举个例子，你正准备出席一场重要会议。在会上，你必须提出一个设想，并赢得与会者的支持。你可以告诉自己："我最棒了。我能轻而易举地办到这件事。"这或许能让你获得短暂的情绪振奋。但经研究发现，如果你换种方法问自己："我能完成一场出色的宣讲吗？"那么，你将收获一种更深刻、更持久的好处。

你大概会自己回答说："嗯，没错，我能做一场出色的宣讲。其实，我已经成功实施 20 多次了。"你也可以提醒自己要做哪些准备，"没问题，我做得到。我对这份资料已经烂熟于胸，还有了一些很好的例子，足以说服心存疑虑的人。"你说不定还会给自己一些具体的战术建议。"在上一次会议上，我的说话速度太快了，所以这一次我要放慢些。为了防止因一些提问感到心慌，我要先深吸一口气，然后再做回应。"单纯的自我肯定感觉是很好，也有一定的帮助，但它不会促使你召唤可用的资源和策略去实际完成任务。

第二，研究人员表示，提问式自我对话"有可能激发人们思考达成目标的自发或内在动力"。大量研究已经证明，如果一个人的动力来自自主的选择，而不是外在的压力，那么他更有可能采取行动，而且做得更好。陈述式自我对话容易忽略人的动机，而提问式自我对话能让人获得源自内心的动力。

为了帮助自己成功踏出第一步，我们就需要学会情绪浮力的第一个构成要素：提问式自我对话。能做到吗？你必须问问自己。

事中，找到积极与消极情绪的魔力比值

> 不加抑制的浮力让你变得轻狂、浮躁和不现实；不加抑制的重力则让你在大堆的痛苦中下坠。然而一旦两者适当结合，就能让你如鱼得水。

我敢肯定诺曼·霍尔是一个中向性格的人。我在他的公司待了几天，就发现他本质上不是一个内向的人。再说了，如果面对陌生人开口说话让他感到畏惧、不适，那他肯定没法在这40年里靠卖刷子为生。但霍尔显然也不是吵吵嚷嚷的外向人，他爱思考，做事谨慎，说话轻言细语，而他也经常这么形容自己。

他对我说："我最讨厌那种卖二手车的推销员了，只知道一味地催、催、催，我不想变成那样的家伙。我工作时比在生活中还要轻言细语。"和所有高效的销售人员一样，霍尔是个内外和谐的大师，他比典型的聒噪销售人员更擅长倾听和观察，但若是环境需要，他也会提高嗓音，让自己更具活力。而且，如果你仔细观察他的中向性格，仔细听他是怎么跟别人说话和互动的，就会发现他也体现了情绪浮力的第二大构成要素：积极（positivity）。

"积极"这个词会让许多人翻白眼，恨不得找个最近的出口逃出去。它有一股子又"昂扬"又"颓废"的甜腻味道，是一个空洞的概念，只有更加空洞的人才会推崇它。但最近有大量研究证实了它在生活诸多领域的重要意义，其中就包括我们如何打动他人。

以一场艰难的谈判为例：各方都试图向其他人推销自己的立场。

传统观点认为，谈判代表虽然不一定非要卑鄙、粗野，但至少要面无表情，态度强硬。

几年前，美国密歇根大学的雪莉·科佩尔曼（Shirli Kopelman）率领一队行为科学家，通过一系列模拟谈判检验了这一命题。

TO SELL IS HUMAN
全新销售实验

有一项实验向被试（正在就读 MBA 的管理人员）展示了如下假设场景：你正在筹备婚礼，几个星期前，你和一家餐饮公司达成了婚宴承包协议，对方预计的婚宴服务价格是 14 000 美元。现在，你马上要跟该公司的业务经理碰面，刚才他带来一个坏消息：由于市场行情的变化，预计价格提高到 16 995 美元。而且，如果你放弃合作，该公司服务的日程又排得很满，另一位客户就会挤掉你的档期。

被试在不知情的情况下被分成三组。“业务经理”（经过特别训练的演员）向每一组被试解释的提价原因完全一样，服务条件和合同条款也完全一样，只不过，她表现出的情绪有所不同。对第一组被试，她显示积极情绪，用友好的语调说话，频频微笑，点头表示同意，样子亲切、温馨。对第二组被试，她说话语气很冲，做出恫吓的样子，态度坚决。对第三组被试，她语气平静又单调，几乎不带任何情绪，讲话内容重实效。

结果发现，业务经理的态度对谈判结果有着明显的影响。面对积极销售攻势的被试，接受交易的比例是面对消极销售攻势的被试的近两倍，哪怕交易的条件完全相同。随后一轮类似的实验中，谈判代表可以讨价还价，结果发现，和传递消极情绪的人打交道的谈判代表砍价更狠，而和传递积极情绪的人打交道的谈判代表显得更加慷慨。

全球顶尖的积极心理学家芭芭拉·弗雷德里克森（Barbara Fredrickson）[①]将愉悦、欣赏、喜悦、兴趣、感激和激励等情绪统称为积极情绪。她表示，消极情绪缩小了人们的视野，令他们的行为趋于保守，只会考虑生存这一最低限度（我害怕，所以我逃跑；我愤怒，所以我打人）。相比之下，**积极情绪却反其道而行之，它拓宽了人们对行动的想法，让我们获得更加广阔的思路……让我们变得心胸宽广、善于接纳，更具创造力。**

积极情绪的扩展效应对于打动他人具有重要意义。让我们设想一下一笔典型交易的买卖双方，对卖方来说，通过积极情绪，她能够更深入地洞悉对手本身及其情况。消极情绪让我们见到“树木”，而积极情绪能让我们看到“森林”。反过来，视野开阔又能帮助我们想出意料之外的办法，解决买家的问题。还有一些研究表明，积极情绪能丰富我们的行为方式，加强人的直觉和创造力，而这些都能提高我们的工作效率。更重要的是，一如我们从科佩尔曼的研究中

① 芭芭拉·弗雷德里克森在其积极心理学经典著作《积极情绪的力量》中指出积极情绪和消极情绪的平衡状态，是了解积极心理学核心和前沿理论不可多得的佳作。该书中文简体字版已由湛庐引进，中国纺织出版社于 2021 年出版。——编者注

所见，情绪是可以传染的。也就是说，在销售过程中，积极情绪可以感染买家，削弱他的对抗性，从而对他人提议的态度更为开放，甚至愿意达成双方都能获益的协议。双方都心满意足地离开谈判桌，就能建立起一段持久的关系，为随后的交往铺平道路。

积极情绪在打动他人时还扮演着另一个重要的角色。霍尔说：“你必须信任自己所销售的产品，且必须表现出这种信心。”我采访过的几乎所有销售人员都反对某些人口中“能够卖出任何东西”的说法，不管他们自己对这些东西相信与否。过去可能是这样的，因为那时候卖家掌握着独有的信息优势，买家的选择有限。但到了今天，这些销售人员告诉我，**信任才能让你对自己销售的产品或服务有更深刻的认识，而这种认识能让卖家更好地迎合他人的需求。**真诚的信念本身就能感染他人。

北伊利诺伊大学的科里·舍雷尔（Cory Scherer）和布拉德·萨加因（Brad Sagarin）发现，在演讲中加入程度轻微的脏话，如“该死”，能提高演讲的说服力，以及听众对演讲者情绪的感知程度。霍尔对我说：“我信任这些产品，该死，我太清楚了，你要是从我这里买了一把刷子，能狠狠地用上好些年呢。”

但那些喜欢用几抹消极给生活调些味道的人也别害怕。别忘了：在准备打动他人的时候，提问式自我对话才是明智之选。积极努力并不意味着给自己或他人涂上厚厚的一层糖衣，事实上，有一种特殊的“食谱”能带来最佳的结果：**积极情绪的黄金比例。**

弗雷德里克森和巴西社会学家马歇尔·洛萨达（Marcial Losada）

一起从事了一项相关研究，在实验中，洛萨达利用数学模型和复杂理论来分析团队行为。研究人员找来一组被试，要求他们连续4个星期每天记录自己的积极及消极情绪。弗雷德里克森解释说："积极情绪包括逗趣、敬佩、感激、宁静、激励、希望、兴趣、快乐、自豪和爱。消极情绪包括愤怒、轻蔑、厌恶、尴尬、恐惧、内疚、悲伤和羞愧。"她和洛萨达计算出被试的积极情绪与消极情绪之比，并将这些比例和被试的整体幸福量表（共有33个项目）得分进行对照。

两人发现，积极情绪与消极情绪相等的人，并不比主要呈消极情绪的人更幸福，这两种人一般都萎靡不振。更令人惊讶的是，就连积极情绪与消极情绪之比为2:1的人，也并不比消极情绪多于积极情绪的人更幸福。可一旦情绪天平达到了某个比例数值，一切就都不一样了。这个数值是2.9013，考虑到读者们不需要知道得过于精确，弗雷德里克森和洛萨达将它四舍五入，定成了3。**一旦积极情绪与消极情绪之比达到3:1，也就是说，每3次感受到感激、兴趣或知足等情绪，就体验到1次愤怒、内疚或尴尬等情绪，这个人一般就会很幸福了。**低于该比例的人则不然。

不过，两人还发现，积极情绪的比例是有上限的，太过积极和太不积极一样有害。如果积极情绪与消极情绪之比达到11:1，积极情绪的存在就弊大于利了。超过这个临界点，生活就变成了傻乎乎的盲目乐观，自欺欺人扼杀了自我进步。一定的消极情绪其实是必要的，弗雷德里克森和洛萨达称之为"适当的消极"。没有了它，行为模式就僵化了。**消极情绪能为我们提供行为反馈，告诉我们什么做法管用，什么不管用，并提示我们如何才能做得更好。**

霍尔似乎已经找到了恰当的比例。每天工作开始时，他总会先来上一两轮他确定对方会友好应对的销售拜访。整个工作日里，他都会寻找积极的互动。举例来说，我曾陪着他一起步行 3 个小时，他先是到一家餐馆去拜访一位在那儿工作的、正生着病的朋友；接着他在街上偶遇一位老客户，就停下来寒暄了两句，聊了聊对方的生活进展；最后，他走进一家服装店，只见店主热情地跟他打招呼："富勒人！"两人还互相拥抱，尽管姿势有点儿尴尬。靠着这些经历，他才能"继续走下去，走下去"。每当碰到一些粗鲁的潜在顾客，他都会这样默默念叨。

弗雷德里克森认为，霍尔及其他人所拥有的合理的积极比例，就像是在校准浮力和重力之间的平衡。她说，浮力是一种把你举向天空的无形力量，重力则是一种把你拉向地面的力量。不加抑制的浮力让你轻狂、浮躁和不现实；不加抑制的重力则让你在大堆的痛苦中下坠。然而一旦两者适当结合，就能让你如鱼得水。

事后，拒绝只是暂时的

> 乐观不是一种空洞的情绪，而是一种催化剂。它所带来的，不是软骨头的白日梦，而是意志坚强的情绪浮力。

每天工作完毕，诺曼·霍尔就会登上一辆停在金门大桥的公交车，回到位于罗内特公园附近的家。这段路程一般要行驶 90 分钟，他会趁着这段时间读读书，有时候打个盹儿，但更多的时候，他会单纯地想一想。而他对这一天的认识，尤其是他如何解释当天发生的那些最糟糕的情况，在很大程度上决定了他是否会取得成功。这就是情绪浮力的第三大构成要素。

著名心理学家马丁·塞利格曼①被誉为“积极心理学之父”。心理学领域长久以来主要关注功能障碍、虚弱和绝望情绪，并对其进行严谨的分析，而塞利格曼首先倡导了应给予幸福、福祉和满足同等的关注。他最大的一项贡献，就是加深了我们对乐观精神的认识。

塞利格曼是从情绪隧道的另一头来到这个主题面前的。20 世纪 70 年代，当他还是一位年轻的科研工作者的时候，就率先提出了“习得性无助”的概念并进行了研究。他先是以狗为研究对象，后又转向对人的研究，对当时普遍的行为主义观点提出反对意见。行为主义观点认为，所有的生物，无论是两条腿走路还是四条腿爬行，都会对外部奖惩做出系统的、可预见的反应。塞利格曼的研究则表明，若是长时间处在无法控制自身环境的条件下，一部分人会放任自流。即便条件恢复正常，人们再一次拥有了牟取利益、避免痛苦的能力，这些人也不会再采取行动了。他们寻得了“无助”。

塞利格曼观察到，对人类而言，习得性无助一般是人的“解释风格”在发挥作用。所谓解释风格，就是人们在解释负面事件时的

① 马丁·塞利格曼的“幸福五部曲”《真实的幸福》《持续的幸福》《活出乐观的自己》《认识自己，接纳自己》《教出乐观的孩子》已由湛庐引进。——编者注

习惯，我们也可以把它看作某些经历发生之后（而非之前）的一种自我对话。

轻易放弃、在本来可以有所作为的环境下也感到无助的人，会把坏事解释成持久的、普遍的、内在的。也就是说，他们认为负面情况会持续很长时间，且所有的环境下都是这样，而不是只有当下如此，要怪只能怪他们自己。所以，如果老板呵斥他们，他们会这样解释："我的老板总是这么无耻""所有的老板都是混蛋""我的工作不称职"。他们不会认为："我的老板今天过得不太顺心，我刚好成了他的出气筒。"塞利格曼发现，消极的解释风格，即习惯性地相信"这是我的错，而它将永远如此，并破坏我所做的一切"，会伤害到人的元气。它会削弱人的能力，触发抑郁症，"把挫折变成灾难"。

到20世纪80年代中期，习得性无助成为心理学基础课程的主要内容，塞利格曼和一些同事又开始琢磨这一理论是否也有阳光的一面。如果有着消极解释风格的人受苦受难，那么有着积极解释风格的人是否就蓬勃向上呢？为了找出答案，塞利格曼和同事彼得·舒尔曼（Peter Schulman）看中了一个充斥着绝望、所有工作人员每天都要面对一波又一波负面反应的领域：销售。

两位研究人员从大都会人寿保险公司宾夕法尼亚分公司召集了近百名销售代理，这些人（有男有女）从事的都是传统销售工作。他们会先给准客户打陌生电话要求见面，再在见面后来上一番销售开场白，靠交易提成赚钱。

塞利格曼和舒尔曼给所有代理发放了一份“归因方式问卷”（Attributional Style Questionnaire），这是一种心理评估，根据被试对一系列问题的答复，定位此人的解释风格处在消极－积极频谱中的哪个部分。之后，他们又跟踪收集了这些代理在未来两年的销售业绩，计算他们卖出了多少份保险，总共赚到了多少提成。

TO SELL IS HUMAN
全新销售实验

结果显而易见。他们发现，解释风格倾向积极的代理，卖出的保险比倾向消极的代理多 37%。解释风格最积极的代理，卖出的保险比最消极的代理多 88%。

由于大都会人寿保险公司约有一半的销售代理都会在第一年内辞掉工作，所以，塞利格曼和舒尔曼又研究了另一个群体：100 多名新入职的销售人员。在这些代理开始工作之前，研究人员让他们做了归因方式问卷，接着将进展绘制成图。解释风格偏消极的代理最终辞职的人数是解释风格偏积极的代理的两倍；25% 最消极的代理辞职的概率是 25% 最积极的代理的近 3 倍。

换言之，有着积极解释风格的销售人员，即认为他人的拒绝是暂时而非永久的、特定而非普遍的、外在而非内在的人，能卖出更多的保险，更久地保住自己的工作。更重要的是，解释风格还能预测绩效，其准确度与保险业招聘时普遍使用的评估方法相当。事实证明，**乐观不是一种空洞的情绪。它是一种催化剂，能让我们在**

面对挑战时坚持下去，保持稳定，并强化我们能够对环境施加影响的信心。

诺曼·霍尔就有着积极的解释风格。每当遭到拒绝时（我跟他在一起时，就碰上他在好几次销售拜访中遭到拒绝），他就会把对方的拒绝看成是暂时的、特定的，或是受外部因素影响的。珠宝店的老板忙着招待顾客，所以没法分神去买刷子；维修店的伙计没有仔细评估面前的产品；服装店经理则很可能是因为经济状况不好，在现金流上有了麻烦。当我向霍尔提起这些挫折，他泰然自若地说："我是个天生的销售好手，必须继续前进。就是这样。"

不过，霍尔戴着的眼镜镜片可不是粉红色的，而是透明的，他知道哪些客户惹人烦。他承认自己会在意别人的拒绝，也经历过许多不愉快的残酷时光。但是，他也能将消极事件解释成积极事件。这种能力带给霍尔的，不是软骨头的白日梦，而是意志坚强的情绪浮力，即在向上的力量和向下的力量之间实现恰当的平衡。他并不盲目乐观，而是践行塞利格曼所说的，"灵活乐观，那种睁大了眼睛、带着提防的乐观"。

这时，我们听到了不远处传来喘气的呼呼声，紧接着，大厅走廊的地毯上出现了一条1米多高的、毛茸茸的动物。佩内洛普·克罗尼斯和伊丽莎白·克莱尔带着她们的狗一起来到办公室，准备开始一天的工作。看到诺曼·霍尔时，两人很是惊讶，毕竟这时离她们下订单还不到24小时呢。但她们很高兴自己拿到了新买的静电地毯清扫机和钢丝球。而且，两人也认识贝丝，就是那位在休息室煮咖啡的女士，她们还鼓励霍尔借用自己的名字以争取贝丝的信任。

霍尔交完货，就朝走廊尽头贝丝的办公室走去。这时候，我感觉自己的存在限制了霍尔的发挥。他不需要在这轮销售拜访中有个副手陪伴左右，所以，当他走进贝丝的办公室时，我朝着电梯走去。

我俩分头行动是在上午 11 点左右，之后我在布什大街 530 号前的人行道上等待霍尔。方才贝丝在休息室里对刷子等产品几乎没有表现出一丝一毫的兴趣，所以我以为霍尔大概过 5 分钟就会下来，但他没有。

过了 10 分钟，15 分钟，20 分钟，仍不见他的人影。直到 11 点 25 分，霍尔才推开办公楼的旋转玻璃门，来到人行道上。

我看着他，只是摊开手，扬起眉毛问了句："怎么样？"

他摇摇头，用右手食指做了个割喉的动作——没能成交。

我们在沉默中走出了几步。这时，霍尔，这位旧金山最后的富勒刷具推销员转过身来对我说："但我认为下次我仍有机会拿下她。"

积极应对无数个“不”

练习提问式自我对话

下一次你准备说服别人的时候，请先重新调整一下自己的准备方式。别再用论断和肯定式的句子给自己打气，而是从建筑工人鲍勃那里学一手，向自己提一个问题。问问你自己：**“我能够打动这些人吗？”**

社会科学家发现，提问式自我对话往往比陈述式自我对话更有价值。但别让问题像没了牵线的风筝一样悬在半空，要回答问题，你可以直接回答，也可以书面回答。如果你认为自己能够打动别人，列出 5 个具体的原因来。这些原因能提醒你采用什么样的策略才能高效完成任务，从而奠定比单纯的陈述式自我对话更坚固、更具实质意义的基础。换句话说，提出问题，就应当做出回答。

监控你的积极率

3:1，是幸福的黄金分割率，蓬勃成长的神奇公式，圆满人生的神秘代码。那么该怎么做，才能保证自己的积极情绪和消极情绪之比达到这个难以捉摸的比例呢？

方法之一是做一做芭芭拉·弗雷德里克森的“积极情绪自我测试”。这是一套评估问卷，共有 20 道题，两三分钟就能做完，然后你就会得到自己当前的情绪比例。

TO SELL IS HUMAN

积极情绪自我测试

你在过去的24个小时中感觉如何？回顾过去的一天，利用下面的量表，反映你体验到下列每一种情绪的最大量。

0=一点都没有　1=中等　2=有一点　3=很多　4=非常多

1. 你所感觉到的逗趣、好玩或可笑的最大程度有多少？ ____
2. 你所感觉到的生气、愤怒或懊恼的最大程度有多少？ ____
3. 你所感觉到的羞愧、屈辱或丢脸的最大程度有多少？ ____
4. 你所感觉到的敬佩、惊奇或叹为观止的最大程度有多少？ ____
5. 你所感觉到的轻蔑、藐视或鄙夷的最大程度有多少？ ____
6. 你所感觉到的反感、讨嫌或厌恶的最大程度有多少？ ____
7. 你所感觉到的尴尬、难为情或羞愧的最大程度有多少？ ____
8. 你所感觉到的感激、赞赏或感恩的最大程度有多少？ ____
9. 你所感觉到的内疚、忏悔或应受谴责的最大程度有多少？ ____
10. 你所感觉到的仇恨、不信任或怀疑的最大程度有多少？ ____
11. 你所感觉到的希望、乐观或备受鼓舞的最大程度有多少？ ____
12. 你所感觉到的激励、振奋或兴高采烈的最大程度有多少？ ____
13. 你所感觉到的兴趣、吸引注意或是好奇的最大程度有多少？ ____
14. 你所感觉到的快乐、高兴或幸福的最大程度有多少？ ____
15. 你所感觉到的爱、亲密感或信任的最大程度有多少？ ____
16. 你所感觉到的自豪、自信或自我肯定的最大程度有多少？ ____
17. 你所感觉到的可悲、消沉或不幸的最大程度有多少？ ____
18. 你所感觉到的恐惧、害怕或担心的最大程度有多少？ ____
19. 你所感觉到的宁静、满足或平和的最大程度有多少？ ____
20. 你所感觉到的压力、紧张或不堪重负的最大程度有多少？ ____

计分

你会注意到，“积极情绪自我测试”的每个项目中都撒下了一张宽大的网。每个项目都包含了相互联系、却又不完全一样的3个词。通过这种方式，每一个项目都描述了一组具有重要相似性的情绪，使得这个简短的测试更加准确。为了计算你在过去一天中的积极率，请遵循下列5个简单的步骤：

1. 回顾并圈出反映积极情绪的10个项目，即那些包含下列词语的项目：喜悦、敬佩、感激、希望、激励、兴趣、逗趣、爱、自豪和宁静。
2. 回顾并画出反映消极情绪的10个项目，即那些包含下列词语的项目：愤怒、羞愧、轻蔑、厌恶、尴尬、内疚、仇恨、悲伤、恐惧和压力。
3. 数一数圈出的积极情绪项目中，被你评定为2或以上的有多少。
4. 数一数画线的消极情绪项目中，被你评定为1或以上的有多少。
5. 将你的积极情绪得分除以你的消极情绪得分，算出你今天的积极率。如果你今天的消极情绪数量为0，用1来代替它，以避免除数为0的问题。

请记住，这个测试只提供了一个大概的参照。每个人的情绪都随着天、小时、分钟变化着。鉴于你不断变化的情绪，任何测量积极率的单一指标都只能描述出大概的状况。此外，当涉及情绪的时候，没有哪种测量工具是无懈可击的。

此外，你要对自己当前的情绪更为警醒。不妨在电话、电脑或者办公室的墙壁上，把弗雷德里克森提到的10种积极情绪写下来：喜悦、感激、宁静、兴趣、希望、自豪、逗趣、激励、敬佩和爱。从中选择一两种情绪，并在接下来的一整天里想办法表现这些情绪。这能带给你心灵上的提升，鼓舞你周围的人，增加你打动他人的机会。果真如此吗？我敢肯定。

调整自己的解释风格

马丁·塞利格曼的研究表明，我们对消极事件的解释方式，会对我们的情绪浮力和绩效产生重大影响。因此，需要根据科学证明有效的方式改造你的解释风格。

每当坏事发生时，问自己 3 个问题，并想出一种机智的方法来解读每一个“不是”：

1. 这是永久的吗？

糟糕的回答：“是的。我已经丧失了打动他人的能力。”

更好的回答：“不是。我今天表现差劲，因为我没睡饱。”

2. 这是普遍的吗？

糟糕的回答：“是的。这一行里的所有人都无法应付。”

更好的回答：“不是。只是因为这个家伙太混蛋了。”

3. 这是我个人的问题吗？

糟糕的回答：“是的。他之所以没买，是因为我搞砸了推销。”

更好的回答：“不是。我的推销确实可以做得再好些，但他没买的真正原因在于他现在还没准备好要买。”

你对坏事的解释越倾向于暂时的、特定的和外在的，就越有可能在逆境中坚持下去。

正如一些积极心理学家所指出的那样，关键是要提出争议，消除消极解释的灾难性质。要像尖锐的律师盘诘证人那样直面每一种解释，敢于提出争议：戳穿他的故事，质疑故事的立足前提，寻找它的内部矛盾。而消除灾难性质，则是自问：整体后果是什么？这些后果为什么并不像乍看起来那么惨重？

如欲了解更多信息，请访问塞利格曼的网站（http://www.authentichappiness.sas.upenn.edu/Default.aspx），做一做他的“乐观态度测试”，来了解你当前的解释风格。还可以阅读他的经典作品《活出最乐观的自己》[①]（*Learned Optimism*），里面有对于这个测试及解释风格的详细阐释。

试试“列举并拥抱”策略

保持情绪浮力的另一个方法是更现实地看待那些把你往下拖拽的事情。你可以数一数你遭到的拒绝，之后赞美它们。我称这种策略为“列举并拥抱”。

1. 列举

试着数一数你一个星期内会接到多少个“不”。打开智能手机上的免费计数程序，每当你努力打动别人却被拒绝时，就记下来（当然，你也可以拿起一个小笔记本加一支笔，同样好用）。

到本星期结束的时候，看看世界送了多少个“不”字到你家门口，说不定结果会让你大吃一惊。不过，更让你吃惊的是另一件事：你居然挺了过来。即便在拒绝的汪洋大海里泡了整整一个星期，你还是设法浮在了水面上。意识到这一点能带给你信心，让你坚持下去，相信自己下个星期会做得更好。

① 马丁·塞利格曼的经典著作《活出最乐观的自己》是告别抑郁、从根本上改变悲观人生，提升幸福感的必读作品。该书中文简体字版已由湛庐引进，浙江教育出版社于2021年出版。——编者注

2. 拥抱

对于真正重大的拒绝，让我们以杰伊·戈德堡（Jay Goldberg）的做法为榜样。戈德堡是贝吉诺棒球俱乐部（Bergino Baseball Clubhouse）的创始人，这是纽约市的一家艺术画廊兼棒球纪念品商店。在他职业生涯的早期，戈德堡在美国著名的政治顾问手下工作，但他真正想从事的是在美国职业棒球大联盟工作。于是，他给所有的 26 支职业棒球大联盟球队写了信，要求面试、实习，只要给他一个机会就行。结果有 25 支球队回信拒绝了他，而纽约洋基队干脆没有回复。

戈德堡把这些信留了下来。20 世纪 90 年代初，在成立了自己的体育经纪公司后，他把每一封信都装进相框，挂在办公室的墙上。他说："我这么做是表示我还没有放弃。虽然遭到这么多的拒绝，我仍坚持了下来。"更妙的是，先前拒绝过他的一些球队再来和戈德堡进行谈判时，球队代表的目光正好落在那些球队早前的决定上。戈德堡说："每次看到这些信，我都会扬起一抹微笑。"如今，他把这些拒绝信挂在自己最受欢迎的棒球零售店的办公室里，每天提醒自己：你怎样看待拒绝，取决于你怎样界定拒绝。

别忘了隔上一阵也要来点消极情绪

每一朵乌云都映衬着金边。在情绪浮力方面，不管是找到积极情绪的比例，还是秉持乐观的解释风格，都不是为了打消负面情绪。消极和消极情绪对我们的生存至关重要，有了它们，你才不会把不利的行为转变成顽固的习惯。它们会为我们的努力提供有用的信息，每当我们走上错误的道路，它们会发出提醒。

弗雷德里克森解释说："生命给了我们充分的理由去害怕、愤怒、伤心，等等。没有消极情绪……你就会与现实脱节，显得不真诚。总有一天，你会把人吓跑。”因此，让自己在适当的消极情绪（如愤怒、敌意、厌恶和怨恨）中待上一会儿，是有积极作用的。假设你未能说服客户续约一年，如果部分原因在于你今年的工作没能达到你正常的水准，那么你要自责，这一回是你搞砸了，但之后你要把这种消极情绪作为改善的动力。

让我们想一想心理学家朱莉·诺勒姆（Julie Norem）所谓的“防御性悲观”。她的研究表明，**思考悲观场景，为可能出现的最糟糕的局面做好准备，能帮助一部分人有效管理焦虑情绪**。如果你觉得这种做法有用，不妨问自己若干个“如果……怎么办”的问题。“如果一切都搞砸了，怎么办？”“如果发生了预想之外的事情，怎么办？”“如果这是我生命中最糟糕的决定，怎么办？”这些问题可能会推动你想出一系列出乎意料的答案，让你冷静下来，甚至振作起来。

预先给自己写一封拒绝信

尽管现在是短信和社交媒体的时代，拒绝还是会经常被写在信纸上，装在信封里。没有人喜欢收到拒绝信，但有一个办法可以减少甚至彻底避免拒绝信带来的刺痛：预先给自己发一封拒绝信。

假设你正在面试一份新的工作，或是正想从投资者那里筹集资金，花一个小时替对方给自己写一封信，解释为什么他的回答是“谢谢，但不行”。列举他拒绝你的原因，当然，你肯定要把拒绝别人时那些特别刺人的套话写进去：“经过慎重考虑……”“我们很遗憾地通知您……”“符合资格的申请人数量太多……”，等等。

读到你自己写的这封信，可能会让你忍俊不禁，而一旦你把拒绝以文字的方式写出来，它的后果似乎也就没那么可怕了。更重要的是，你阐明了自己遭到拒绝的理由，它可以揭示你表现出来的弱点，对此，你可以做一些有针对性的强化工作。

TO SELL IS HUMAN

THE SURPRISING TRUTH ABOUT MOVING OTHERS

06 头脑清晰

寻找问题比解决问题更重要。今天，最卓越的销售人员，不再是能够锁定合同的“成交大师”，而是那些能够发现新机会、打动并影响他人的说服者。

头脑清晰 Clarity

中文释义

Clarity，有“清楚、明晰、清晰易懂、清澈度、透明度、有条理”之意。

在文中，Clarity 是指具备帮助他人以更准确的全新方式看清所处位置，从而找到从前没有意识到的问题的能力，是有计划、有准备地使之清楚之意，故在此译为“头脑清晰”。

内涵层次

清晰与否来自对比。对比能在说服的每一个环节里发挥作用，甚至放大说服的力量。文中表述的 5 大对比框架，其目的就在于帮助他人清晰定位自己尚未意识到的问题。

- 少即是多，别用太多选项压垮对方。
- 人们更倾向于购买“体验”而不是“物品”，从体验的角度为销售构建框架，更容易让顾客感到满意，并实现重复销售。
- 善用标签效应，标签帮助人们解答了“与什么相比”的问题，能够给人以目标期待。
- 少量的负面信息，不但无害反而有益，能够突出或加强正面信息的力量。
- 有潜力比有实力更受青睐，因为潜力带有不确定性，能让人更深入地发掘评估对象，以说明评估对象的优势。

如果这个问题侵犯了您的个人隐私，请恕我冒昧，但我还是想斗胆问一句:“你攒够退休生活费了吗？”而你也许会和很多人一样，略带羞愧地低声答道:“呃……好像还没呢。”放眼世界各地，还没有为自己的夕阳岁月做好充分准备的人相当之多，美国的情况尤其严重。大约有一半的美国家庭还没有挣到足够的钱来负担自己 65 岁之后的退休生活，有 3/4 的美国人退休账户上的积蓄不超过 3 万美元。

这也不全是我们自己的错。一部分原因出在我们的大脑在进化的时候,“未来”总是蕴藏着很大的风险，而人类是出了名地不擅长思考长远的事。我们总倾向于着眼当下，所以，若是让我们挑选获得即时奖励（如立刻拿到 1 000 美元）还是需要等待的未来奖励（两年内拿到 1 150 美元），我们往往选择前者，哪怕后者更符合我们的个人利益。

政策制定者和社会科学家已经设计出一些方法来帮助我们克服这一弱点。其中一种办法是限制我们的选择能力，就好比奥德修斯把自己捆在桅杆上以通过海妖塞壬的海域。我们要求雇主每次从薪水中自动扣除固定金额，并转入我们的退休账户。这是以强制方式让我们做正确的事情。另一种方法是让我们的选择和后果变得更加具体，如提醒自己两年后得到的 1 150 美元可以支付新车的首付款，以换掉现在的车，因为它可能撑不了 24 个月了。

但纽约大学社会心理学家哈尔·赫什菲尔德（Hal Hershfield）认为，阻碍人们为退休进行储蓄的，恐怕完全是另外一回事。他和 6 名同事展开了一系列研究，检验了一种不同于上文的假设。

TO SELL IS HUMAN
全新销售实验

在一项实验中，赫什菲尔德及其团队要求每名被试佩戴上虚拟现实（VR）的头盔。一半的被试看着自己的虚拟化身一分钟，然后与研究人员的虚拟化身进行简短的谈话。另一半被试也通过头盔看到了自己的虚拟化身，但研究人员利用电脑软件做了点儿手脚，让头像显示出被试 70 岁时的样子。这组被试看着自己的 70 岁老年版化身约一分钟，再与研究人员的虚拟化身进行简短的交谈。

之后，实验者给这两组被试布置了一个分配资金的任务。他们对被试说：“假设你刚刚获得了一笔 1 000 美元的意外收入，以下有 4 个选项，你会选哪一种来分配这笔钱呢？”

- 用它给某个特别的人买件好东西。
- 投资到退休基金里。
- 去一个有趣而奢侈的场合。
- 存进现金账户。

看到自己当前形象虚拟化身的人（“现在的我”小组），存进退休账户的金额平均为 80 美元。看到自己 70 岁形象的人（“以后的我”小组），存到退休账户的金额是前者的两倍多：172 美元。

为确定这种反应上的差异究竟是因为看到自己上了年纪的面孔，还是想起老年人这一整体，研究人员又找来另一群被试尝试了类似的实验。这一回，一半被试看到的是自己上了年纪的形象（“以后的我”小组），另一半被试看到的是其他人上了年纪的形象（“以后的你”小组）。结果还是一样，看到自己 70 岁形象的被试，其选择的储蓄金额比看到其他人 70 岁形象的被试要多。研究人员又用了较为简单的设备（不再是复杂的虚拟现实环境设备）来进行类似的实验，上述结果依然成立。“以后的我”小组始终储蓄得更多。

这些研究表明，退休储蓄会产生问题，不仅因为我们权衡即时奖励和未来奖励的能力不够，还因为人们无法将现在的自己和未来的自己联系起来。还有一项研究表明：“思考未来的自我所诱发的神经激活模式，和思考一个陌生人所诱发的神经激活模式相似。”想象遥远未来的自己是非常困难的，以至于我们会觉得未来的自己是一个完全陌生的人。“由于人对未来的自己感到分外陌生，因此，储蓄就像是省下今天要花的钱，而送给多年以后的一个陌生人一样。”

赫什菲尔德及其团队发现，现有的问题之所以无法得到解决，即让人在短期回报和长期回报之间做出更好的权衡，是因为这根本不是眼下最需要解决的问题。研究人员的重大突破在于，他们确认了一个从前不知道的新问题：我们认为今天的自己和未来的自己是不同的人。找出问题的症结之后，他们也就能够提出解决办法了，即向人们展示一张自己老去的照片。而这反过来又解决了一个更普遍的问题，即鼓励人们为退休多存钱。这种观念的转变阐释了打动他人的第三项必备素质：头脑清晰。这一素质能帮助他人以更准确的全新方式看清自身所处位置，帮助他们确认从前没有意识到的问题。

一直以来，人们总说，优秀的销售人员擅长解决问题，他们可以评估潜在客户的需求，分析其困境，提供最佳的解决办法。这种解决问题的能力是很重要，但如今信息不再是有限的、专属的，而是丰富的、大众的，所以解决问题能力的重要性相对变弱了。毕竟，如果我准确地知道自己的问题是什么，不管是想买什么样的相机，还是想到哪个海滩度假 3 天，我大都能找到所需信息，做出决定，并不需要他人的帮助。如果我弄错了自己真正的问题，或者根本了无线索、茫然模糊，这时他人的服务才更有价值。处在这种情况时，打动他人能力的关键就落在了寻找问题上，而不再是解决问题。

寻找问题比解决问题更重要

> 今天，能获得最丰厚奖励的销售人员，不再一定是能够提供即时解决方案、锁定合同的“成交大师”，而是那些能够发现新机会、懂得就算一时不能成交也无关紧要的人。

20 世纪 60 年代中期，芝加哥大学两位即将成为传奇人物的社会学家雅各布·格策尔斯（Jacob Getzels）和米哈里·希斯赞特米哈伊

（Mihaly Csikszentmihalyi）①，开始研究创造力这个难以捉摸的主题。

1964 年，希斯赞特米哈伊在开展第一批调查时去了大学附近的芝加哥艺术学院，招募到 30 多名艺术系的大四学生做了一项实验。他把学生们带到一间工作室，里面有两张大桌子。一张桌子上放着 27 种物体，有样子奇怪的，也有稀松平常的，都是学校绘画课会用到的那些东西。希斯赞特米哈伊要求学生在这张桌子上选择一种或多种物体，在另一张桌子上安排静物陈设，并画出一幅画。结果，年轻的艺术家们以两种完全不同的方式处理了这项任务。

一些人翻检了数量相对较少的物体，迅速勾勒出自己的想法，紧接着画了起来。另一些人则花费了较长时间，他们摆弄多种物体，翻来覆去地排列了好几次，用了好长时间才完成绘画。一如希斯赞特米哈伊所见，第一组人试图解决问题：我怎样才能画出一幅好画？第二组人则试图寻找问题：我能画出什么样的好画？

希斯赞特米哈伊用学生们的作品开设了一个迷你艺术展，并请一组专家进行评估。事前，这些专家并不知道社会学家在研究什么，也不知道这些作品是怎么来的。希斯赞特米哈伊把作品评

① 想了解有关创造力的更多内容，推荐阅读“心流之父”、积极心理学大师米哈里·希斯赞特米哈伊的著作《创造力》。该书中文简体字版已由湛庐引进，浙江人民出版社于 2015 年出版。——编者注

分录入表格后发现，专家认为寻找问题的人远远比解决问题的人更有创意。

1970年，希斯赞特米哈伊和格策尔斯联系到6年前参加实验的学生（这些人已经离开学校，开始谋生），看看他们的境遇如何。大约有一半的学生彻底离开了艺术世界，另一半则成了职业画家，且颇为成功。后者是哪种人呢？几乎全是当年那些寻找问题的人。

20世纪80年代初，希斯赞特米哈伊和格策尔斯再次进行跟踪调查，发现在18年后，按照艺术行业的标准寻找问题的那一批人，比用较为匠气的问题解决思路来对待静物写生的同行“明显更为成功”。格策尔斯由此得出结论：“所找问题的质量决定了其后解决方法的质量……事实上，**一个有创造力的人在所属领域能否取得成功，关键在于他是否具备发现和创造问题的能力，而不在于他掌握了多少知识、技术性的技巧或手艺。**”

虽然有些学者质疑希斯赞特米哈伊和格策尔斯得出的解决问题和寻找问题的区别，但两人的研究的确影响了当代人们对创造力的理解和学术探讨。在随后的研究中，他们及其他学者又发现，擅长发现问题的人最有潜力在艺术、科学或其他领域做出创造性突破。这些人会从来自多个学科的海量信息中进行筛选，会用不同的方法展开实验，会在项目进展期间愿意切换方向，也会比同行投入更长的时间来完成工作。

这一观点对全新销售产生了巨大的影响。如今，无论是传统销售还是非销售的销售行业，都更加依赖艺术家创造式、启发式、发现问题式的技能，而对技术人员约减式、算法式、解决问题式的技能，则不像过去那么看重了。个中原因可追溯到第 3 章中所提到的“翻天覆地的变化”。就在不久以前，买家仍会在自己解决问题时面临着若干障碍，他们依赖卖家，因为卖家掌握着自己没有的信息。但今天，信息不对称逐渐发展成信息近乎对称，“买家谨慎”的局面发展成“卖家谨慎”的局面，买家能够轻松地获取信息，规避从前不可逾越的障碍，而卖家必须有所作为，才能避免成为不相干的“局外人”。

举个例子好了。假设我到市场上买一台新的真空吸尘器，要是在 10 年或者 15 年前，我只能走进商店，与一位比我更了解情况的店员聊聊，仰仗他为我推荐一台价格公道的产品。而如今，我自己就能解决真空吸尘器的选择问题。我可以上网核对各种型号的具体规格和用户评价；我可以在自己的 Facebook 主页面上张贴问题，向朋友和“友邻”们寻求建议；要是我已经锁定了几种机型，我可以通过网络搜索来比较价格；我还可以在价格最优惠的卖家那里下单，这一切完全不需要销售人员。

毕竟，我的最终目的不是买真空吸尘器，而是清洁地板。

有可能，我真正的问题是纱窗无法阻隔灰尘，需要更换新的纱窗，就算开着窗户也能保证房子是干净的；有可能，我的问题是地毯太容易积灰，需要换一张新地毯，从而不必频繁使用吸尘器清理；有可能，我根本就不该买吸尘器，而应该加入家电共享街区合作社；还有可能，我可以在附近找一家实惠的保洁服务，服务人员还会自带清理设备。

谁能以更聪明、更实惠的方式帮助我实现主要目标，即清洁地板，我就愿意听谁说话，甚至从他那儿购买产品或服务。如果我知道自己的问题，就很可能有能力解决这个问题。但如果我不清楚自己的问题所在，恐怕就需要别人帮我找出问题了。

几乎所有与传统销售相关的访谈最终都会出现这个主题。举个例子，拉尔夫·肖文（Ralph Chauvin）是意大利不凡帝范梅勒糖果公司（Perfetti Van Melle）的销售副总裁，该公司的主打产品是曼妥思薄荷糖、孚特拉软糖等零食。肖文的销售队伍把产品卖给零售商，零售商将之堆上货架，希望顾客购买。但他表示，过去几年，情况有了很大转变，零售商对能卖出多少盒曼妥思薄荷糖不再那么感兴趣了，而是渴望学习如何改善经营的方方面面。

肖文说："他们想寻找不偏不倚的商业伙伴。"而这种变化又改变了能获得最丰厚奖励的销售人员的类型。他们不再一定是能够提供即时解决方案、锁定合同的"成交大师"，而是那些能与零售商集体讨论、从中发现新机会、懂得就算一时不能成交也无关紧要的人。

不凡帝范梅勒糖果公司的销售人员能靠着一连串数字运算，以及自身的专业知识，告诉零售商"哪些糖果最适合他们的买家，能赚到最多的钱"。这可能意味着只提供 5 种口味的曼妥思，而不是 7 种口味，还意味着要把竞争对手的产品囊括在内。肖文说，在某种意义上，他手下最佳的销售人员认为自己的工作不是销售糖果，而是销售有关糖果业务的见解。

其他地方和行业也差不多是这样。在东京火车站所在街道对面的一间豪华会议室里，我曾和高城幸司坐在一起。高城是日本最顶尖的销售大师之一，也是销售顾问公司赛布林（Celebrain）的总裁，写过好几本书。他告诉我，在他刚入行时，能有机会获得信息、利用信息，往往决定了销售的成功。而到了今天，信息无处不在，优秀的销售取决于推测的能力，从而洞悉接下来会发生些什么。按希亚姆·桑卡尔（第2章中执掌Palantir公司前沿部署工程师队伍的那位先生）的话来说，一线工程师从事销售工作，但他们并不是销售人员。“他们所做的最重要的事情，是找到有待解决的正确问题。”

从解决问题过渡到寻找问题作为打动他人的核心特性，涵盖了很宽的范畴。例如，加州大学伯克利分校哈斯商学院开设了一门名为“寻找问题，解决问题”的课程，课程导师说：“创新领导者的一项重要能力是以有趣的方式框定问题……在忙着动手解决之前，先观察问题到底是什么。”几年前，备受推崇的商业团体美国谘商会（Conference Board）向155位公立学校管理者和89位私营雇主提供了一份认知能力清单，请受访者依照这些能力在当今职场中的重要性打分。结果发现，学校管理者把“解决问题”排在第一位，但私营雇主只把这项能力排在第八位。后者评选出的最重要能力是“确定问题”。

通过确定问题来打动他人，需要把两种长期存在的技能来个上下颠倒。

- 第一，从前，最优秀的销售人员擅长查找信息；如今，他们必须学会组织信息，即筛选海量数据，并将最相关、最明确的部分展现给他人。

- 第二，从前，最优秀的销售人员擅长解答问题，一部分是因为他们掌握着潜在客户缺乏的信息；如今，他们必须善于提问，揭示可能的方向，将潜在问题挖掘出来，找到出人意料的问题。之后，将其中一个问题排在优先地位。

对比，放大说服的力量

> 清晰与否来自对比。对比能在说服的每一个环节都发挥作用，甚至放大说服的力量。

20世纪中期的美国广告人罗素·瑞夫斯（Rosser Reeves）因3件事而声名鹊起。

- 第一，他创造了“独特的销售主张”这一概念，也就是说，市场上的任何产品或服务，都要明确自己与竞争对手相比有什么特别之处。
- 第二，他是为美国总统竞选活动制作电视广告的第一批广告人，如1952年为德怀特·艾森豪威尔设计的广告，广告中包含了一段朗朗上口的副歌，“我喜欢艾克”（I like Ike）。有关押韵话术的内容将在第7章中详细讨论。
- 第三，瑞夫斯是广告行业一则最出名的故事的主人公，这个故事充分体现了“头脑清晰”的持久力量。

故事的确切细节难以考究，因为它在过去50多年的时间里被反复转述，情节已有所变动。但故事的大致梗概如下：

一天下午，瑞夫斯和同事在中央公园吃午饭，在返回麦迪逊大道办公室的路上，他们碰到一个在公园里乞讨的人。这个人有一个乞讨用的杯子，杯子边上立着一块牌子，上面写着几个字：我是个盲人。

可怜的是，这名乞讨者的杯子里只有几个硬币，他打动别人给予施舍的尝试很不成功。瑞夫斯认为自己知道原因，便对同事说："我敢打赌，只要在那块牌子上添几个字，就能让这个可怜人的杯子里的钱多起来。"瑞夫斯的同事表示怀疑，立刻下了注。

瑞夫斯走上前去，向乞讨的盲人做了自我介绍，说自己懂一些与广告相关的事情，想稍微修改一下牌子上的内容，好让路人多给些钱。乞讨的男人同意了，于是，瑞夫斯拿起马克笔，在牌子上添了几个字，再和同事退到后面悄悄观察。

顷刻之间，就有不少人朝盲人的杯子里扔钱。还有些人停下脚步和盲人交谈，并从钱包里抽出大额票子塞给他。不多久，杯子里就装满了钱，一度伤心失望的盲人掂量着杯子，笑得很开心。

瑞夫斯加的是哪几个字呢？"现在是春天，而……"

所以牌子上的字连起来变成了：现在是春天，而我是个盲人。

瑞夫斯赢了赌局，我们也学到了一堂课。

清晰与否来自对比。在这个故事中，乞讨者的牌子打动了公园里的人，靠着鲜明的对比，赢得了他们的同情。说服研究领域的权威罗伯特·西奥迪尼称之为"对比原则"。有了对比，我们往往能更好地理解事物。在过去 30 多年的研究中，西奥迪尼重铸了学者和从业人士对影响力的认识，他的核心见解之一就是，对比能在说服的每一个环节都发挥作用，甚至放大说服的力量。

这就是为什么你提出的最重要问题应该是：与什么相比呢？你可以将自己的产品与同类产品进行对比，阐明其优点，从而引出对这个问题的思考。

清晰对比的 5 大框架

> 今天，信息不对称逐渐发展成为信息近乎对称，买家能够轻松地获取信息，而卖家必须有所作为，才能避免成为不相干的“局外人”。

有关设定对比框架的学术资料数量庞大，有的甚至互相矛盾。但以下 5 种框架能够有效地实现清晰对比，帮你打动目标对象。

少即是多

人人都喜欢选择。然而，也有大量研究表明，好事太多会变成坏事。哥伦比亚大学的希娜·艾扬格（Sheena Iyengar）和斯坦福大学的马克·莱珀（Mark Lepper）做过一项著名研究。

他们在加利福尼亚门罗公园的一家高档杂货店设立了摊位，请购买者品尝不同口味的果酱，并希望他们随后购买。第一个摊位提供了 24 种口味的果酱。一个星期后，艾扬格和莱珀又设立了一个摊位，只展示 6 种口味的果酱。果不其然，选择范围多的摊位吸引了更多的顾客驻足。

但当研究人员分析了消费者实际购买的情况之后，大吃一惊：“这似乎挑战了经典人类动

> 机心理学理论和经济学理性选择理论中的一条基本假设。”在有 24 种果酱口味的摊位上，只有 3% 的人购买了果酱。而在选择更为有限（6 种果酱口味）的摊位上，有 30% 的人购买了果酱。换言之，将消费者的选择余地从 24 种减少到 6 种，反而提升了销售量。

再来看看最近的一项研究。研究人员要求被试假设自己想学习德语，并把被试分成两组。一组被试只能在 575 美元的在线德语课程和 449 美元的德语软件包中做出选择；另一组也可以选择 575 美元的在线课程和 449 美元的软件包，但同时还加上了一本德语字典。第一组中有 49% 的人选择了软件包；第二组却只有 36% 的人选择软件包，尽管跟第一组比起来它更加划算。研究人员由此得出结论：“为产品添加一个廉价项目，会导致消费者丧失消费意愿。”**很多时候，附加选项对消费者而言都是减分项。**

这就是为什么在一个充满了选择和替代品的世界里，展示方式是如此的重要。要限制人的选择余地，框定人的选择范围，帮助他们头脑更为清晰地看待这些选项，而不是用太多的选项压垮他们。著名建筑大师路德维希·密斯·凡德罗（Ludwig Mies van dcr Rohe）对建筑设计的评价，也适用于打动他人：少即是多。

| 人们更倾向于购买“体验”而不是“物品” |

经济学家按照人们购买物品的性质，对市场上的消费品进行了分类。汉堡包和割草机属于不同的类型，汉堡包和按摩服务也属于不同的类型。但社会心理学家往往按照我们的购买意图进行分类。一种是物质购买，其主要意图是获得一种具体的东西，使之成为自己的财产。另一种是体验购买，其主要意图是获得可供经历的一件事情，或一连串的事情。

一些研究表明，**购买体验比购买物品能给人带来更大的满足感。**科罗拉多大学的里夫·范·波文（Leaf Van Boven）和康奈尔大学的托马斯·吉洛维奇（Thomas Gilovich）以美国人和加拿大人为对象进行了调查，请他们回忆自己近来购买的东西，绝大多数受访者表示，体验购买比物质购买更让他们快乐。就算让人们思考的是自己将来要买的东西，他们也认为体验比物质商品更能让自己感到满意。

这种现象可用若干因素加以解释。例如，我们对物质的变化适应得很快，一辆全新的宝马豪车在 3 个星期前让我们兴奋异常，但现在也无非是个上下班的交通工具；但在加拿大西海岸徒步小道上的跋涉经历，却始终在我们脑海中徘徊。而且，随着时间的推移，我们大多会忘记当时的一些小烦恼（如野外的虫子），而只记得更高层次的愉悦（如壮观的日落）。体验还成了我们聊天、讲故事的素材，帮助我们和他人建立联系，深化我们的个人认同，这些都能提高人的满足感。

故此，**从体验的角度为销售构建框架，更容易让顾客感到满意，并实现重复销售。**如果你在卖汽车，就别再一味强调座椅上的真皮坐垫如何。相反，你要向买家指出，有了这辆车，他能做些什么，如去新的地方旅行，拜访老朋友，留下一段美好记忆。

善用标签效应

如果你学过经济学，经历过冷战，或玩过几局桌游，就应该熟悉什么是“囚徒困境”。其基本情节如下：A 和 B 都因犯罪被捕，但警方和检察官没有足够的证据定他们的罪，于是决定将两名犯罪嫌疑人分开审讯，并施加压力。如果 A 和 B 都保持沉默，两人都只会被判处一个月的轻刑。如果他们都坦白，两人将分别蹲 6 个月的大牢。但如果 A 招供、B 保持沉默，B 将入狱 10 年，A 将当庭释放；反过来，如果 B 招供、A 保持沉默，A 将蹲 10 年大牢，B 将当庭释放。显然，A 和 B 合作的结果会更好，也就是说，两个人都牢牢闭上嘴巴。可只要有一方信不过另一方，做出背叛的行为，那么就会有一个人长期入狱。这就是所谓的囚徒困境。

TO SELL IS HUMAN
全新销售实验

2004 年，以色列跨学科研究中心、美国空军学院和斯坦福大学的社会科学家招募被试进行这一博弈，但他们把博弈改了个名字。他们对一组被试说，这是“华尔街博弈”；而对另一组被试说，这是“社区博弈”。把标签改成没有害处的样子，这一小小的把戏能显著改变人的行为吗？绝对能！

在华尔街博弈中，33% 的被试选择了合作，重获自由。但在社区博弈中，66% 的被试实现了互利的结果。该研究利用了标签效应[①]，标签帮助人们解答了“与什么相比”的问题，它把游戏放入背景当中，暗示了目标期待，改变了近两倍人的行为。

① 当一个人被贴上一种词语名称的标签时，他就会做出自我印象管理，使自己的行为与所贴的标签内容相一致。这种现象在心理学上称为标签效应。

1975年，芝加哥公立学校的5年级教室里就发生过类似的情形。美国西北大学的研究人员将学生随机分成3组，过了一个多星期，教师、校工等人告诉第一组学生，他们是超级讲究干净整洁的学生，而他们的教室也是全学校最干净的。然后告诉第二组学生保持整洁即可，包括捡起垃圾，整理课桌，保持教室清洁。第三组是对照组。之后，研究人员评估了教室里的卫生情况，对比了实验前后的垃圾情况，结果一清二楚。第一组学生是最干净整洁的，而这仅仅因为他们事先被贴上了“干净整洁”的标签。贴上积极的标签，有助于学生在和他人对比时给自己设定一个框架，从而提升他们的行为质量。

| 少量的负面信息，不但无害反而有益 |

在打动他人时，负面因素能变成正面因素吗？2012年，3名营销学教授对此做了研究。在一组实验中，他们要求被试假设自己要在网上购买登山靴，并提供了某一品牌登山靴的信息。对一半的被试，研究人员列出的全是登山靴的正面信息：鞋底花纹粗，面料防水，5年质保，等等。对另一半被试，研究人员也列举了相同的优点，但随后又列出了一项缺点：这款靴子只有两种颜色。值得注意的结果是，接受了少量负面信息的人，购买该款靴子的可能性反而比只接受了正面信息的人要大。

研究人员把这种现象称为“**出丑效应**”：在对目标的正面描述中增加少量的负面细节，能使描述产生更为积极的影响。但出丑效应似乎只适用于以下两种情况。

第一，处理信息的人必须处于研究人员所说的“低努力”状态。

也就是说，他们并未全力以赴地要去做决定，没花太多心思处理信息。这可能是因为忙，也可能是因为注意力不集中。

第二，负面信息必须出现在正面信息的后面，而不是前面。在这里，对比又一次带来了清晰。它的核心逻辑是，在已经出现了大量正面信息之后，再发布少量、轻微的负面信息，反倒能突出或加强正面信息的影响效果。所以，当你向一个不拘小节的人陈述你的观点时，可以列出所有的正面信息，但也一定要加上一个温和的负面信息。诚实面对小瑕疵的存在，可以提升真实的美感。

有潜力比有实力更受青睐

到目前为止，我们已经“推销”出了果酱、德语软件、略有瑕疵但好用的登山靴。但要推销自己，使用什么框架最好呢？我们的第一直觉（也很合乎情理）应该是使用“成就框架”，即强调自己做成的交易，经自己的努力而起死回生的事业，以及自己获得的奖项。但在2012年，斯坦福大学的扎卡瑞·托马拉（Zakary Tormala）、杰森·齐亚（Jayson Jia）和哈佛商学院的迈克尔·诺顿（Michael Norton）在一篇有趣的论文中做了大量调查，提出了一种不同的方法。他们说，我们真正应该做的是强调自身潜力。

TO SELL IS HUMAN
全新销售实验

研究人员让被试假想自己是NBA的总经理，正在核准球员的合约。一部分被试要向一位有着5年经验且赛场统计数据不错的资深球员提供合同；另一些被试则要向一位新秀提供合同，该新秀在未来5个赛季，预计能达到老球员现在的赛场统计数据。平均而言，被试为资深球员提供了年薪超过 400 万美元的合同，买下他在第六年为其效力。但他们也表示，对新秀的第六个赛季，他们愿意支付超过 500 万美元的年薪。

类似地，研究人员又在 Facebook 上测试了同一名喜剧演员两段不同的广告。一段广告说，喜剧演员凯文·谢伊（Kevin Shea）“有望成为新一代巨星”；另一段广告说，“他就是新一代巨星”。结果第一段广告比第二段广告的点击率更高，受众也更喜欢。针对这个有些奇怪的研究结果，研究人员写道：“在某件事上有潜力，比实际擅长这件事更受人青睐。”

研究人员认为，人们往往觉得潜力比成就更有趣，是因为潜力带有不确定性。这种不确定性能让人更深入地发掘评估对象，故此会将评估过程开展得更细致，从而产生更多更好的理由，以说明评估对象的优势。所以，**下一次自我推销的时候，不要一味强调过去取得的成绩，还要强调你希望未来能达到什么目标。**

有想法，更要有做法

打动他人的不只是要求本身，更是明确的行动路径，促使他们前往目的地。

找到问题并建立适当的框架之后，你还差一步。你需要给人们开辟一条行动的路径。

有人曾对大学食品募捐活动做了一次研究，说明了这一观点。研究人员要求学生对同伴进行提名：一组人“最不可能”进行食品募捐，另一组人“最有可能”这么做。接着，研究人员把这两组人再各分两半，各给“最不可能”组和“最有可能”组的一半人写信，指名道姓地向他们发出呼吁，请他们捐赠一种特定的食物，信上还附着地图，说明他们应该把食物放在哪个地方。几天后，研究人员又给这些学生打去提醒电话。

“最不可能”组和“最有可能”组的另一半人则收到了一封不同的信。研究人员只在称呼栏写着“亲爱的同学”，而不是具体的人名。信中没有对食品的种类提出要求，也没有附上地图，且他们也没给这些学生打去提醒电话。

什么特质在打动他人采取行动方面更为重要呢？是学生本身的性格构成，还是信件的内容？收到细节不清的信件且处在“最不可能”组的同学，没有一个人捐赠食物。但“最有可能”组的同学也并未表现出太多的好心肠，只有 8% 的人捐赠了食物。

而详细说明了如何采取行动的那封信，对学生的行为产生了巨大的影响。“最不可能”组的学生收到了包含具体诉求、地图和捐赠位置的信件之后，有 25% 的人捐赠了。打动他们的不只是要求本身，更是请求者为他们铺好的行动路径，促使他们前往目的地。具体的要求加上明确的行动方式，使得“最不可能”组的同学在实际捐赠率上，比没有收到明确行动指示的“最有可能”组的同学高出约 2 倍。这里的教训是：**只说明想法，却不说明行动的路径，是无法打动人的。**

本章其实就表现了一种行动的方式。我希望你在第二部分看到当今传统销售和非销售的销售工作所必备的素质（ABC 新三样）：内外和谐、情绪浮力、头脑清晰。你已经知道了如何去做，但你还需要知道做些什么。对于这一点，等你读过了本章的“全新销售利器”后，就请翻到第三部分吧。

让你的信息清晰而有说服力

用两个“不理性”问题澄清他人的动机

迈克尔·潘塔隆（Michael Pantalon）是耶鲁大学医学院的研究科学家，也是研究“动机访谈”（motivational interviewing）的顶尖权威人物。动机访谈起源于心理治疗和咨询，但此后已推广到其他领域，其目的是依靠挖掘人内心的动机引发行为改变，而不是依靠外力强迫、允诺给予奖励或威胁施加惩罚等。挖掘人埋在内心深处的动机，最有效的工具就是提问。

不过，潘塔隆表示，若以打动他人为目的，并非所有问题都同样有效。“我了解到，若要激励心存抗拒的人，理性的问题是没有作用的。相反，我发现不理性的问题其实能更好地激励人。”

所以，假设你家的女儿又哭又闹、欲言又止、拖拖拉拉、千推万阻，就是不想为期末的代数考试复习功课，请试试潘塔隆的方法。不要说“我的小姑娘，你必须学习”，或者“拜托，拜托，考试前要复习功课呀”。相反，你要问她两个问题。

问题1：按10分制来打分，1分的意思是“完全没有一点儿准备”，10分的意思是“充分准备好了”，你觉得，你现在的准备程度是几分？

她做出回答之后，转到：

问题2：你为什么不选择一个更低的分数呢？

“这个问题能让每个人都放松戒备。”潘塔隆在《即时影响》（*Instant Influence*）一书中如是说。询问为什么不选择较低的分数，是一种催化剂。大多数拒绝去做、去相信某件事的人，其实并没有采取非黑即白、非是即否的二元立场。所以，你也不要去问那种非黑即白、非是即否的问题。潘塔隆表示，只要你的目标对象有哪怕一丁点儿的行动欲望，就让她给自己打个分数，那么立场鲜明的“不要”就会变成事实上的“也许”。

更重要的是，当你的女儿在解释为什么给自己打4分而不是3分的时候，也就是在宣布自己应该复习的理由了。她从为眼下的行为辩解，转到了说明为什么自己在某种程度上希望做出不同的行为。潘塔隆说，这能让她澄清个人的、积极的、内在的学习动机，提高她实际去学习的可能性。

那么，若按10分制打分，你尝试潘塔隆这种方法的意愿是几分呢？为什么不选择一个更低的分数呢？

来上一次陌生的“出轨”

我们已经了解到，清晰与否取决于对比。但很多时候，我们深陷在自己的老办法里，几乎注意不到自己在做什么、为什么会那么做，而这有可能妨碍我们使他人头脑清晰的能力。塔夫茨大学（Tufts Univevsity）心理学家山姆·萨默斯（Sam Sommers）说："来上一次陌生的'出轨'，能让你认识到自己对平常所处的环境有多么视而不见。"所以，试试以下做法：

- **迷你"出轨"**：下一次开会时，坐在会议桌的另外一侧；选一条跟平常不一样的路线去上班；到你最喜欢的餐厅，放弃通常会点的菜品，直接选择菜单上的第 11 项。
- **半"出轨"**：在一个不属于自己的环境里过上一整天。如果你是一名教师，到朋友的律师事务所去逛逛；如果你是一名会计，抽出一个下午的时间跟救生员或护林员待在一起。
- **全"出轨"**：到另一个有着完全不同文化的国家去旅行。等你回来的时候，说不定会放弃从前的做法，分外清醒。

让自己越策越开心

过去，我们要应对的挑战是获取信息。如今，挑战变成了澄清信息。为了让自己以及自己希望打动的对象理解这个世界，我们必须每天在庞大的物质信息流中跋涉，选择相关的、抛弃无关的。麻烦的是，我们中大多数人没有还击的办法。但好在非营利组织、技术和社会媒体领域的专家贝丝·坎特（Beth Kanter）为刚入行的策享新丁们设计了一套三步流程。

1. **寻找**。确定了需要进行策享的领域之后，如中学教育改革、最新的滑板时尚潮流、抵押贷款债券的优缺点等，先整理一份最佳信息源清单。分配时间定期浏览这些信息源，坎特建议每天浏览 2 次，每次 15 分钟。浏览的时候，把最有趣的项目保存下来。

2. **策划**。为你积累的素材创造意义，添加真正的价值。你可以简单地做个网络链接列表以做说明，也可以定期更新自己的博客。坎特建议每天都打理这份资源列表。
3. **分享**。等你收集到优质的资料，并按有意义的方式加以组织后，就可以把它与同事、潜在客户或整个社交网络共享。你可以通过常规的电子邮件或简报来分享，也可以利用 Facebook、Twitter 或领英。在分享过程中，你能帮助别人以全新的角度看待自己的处境，甚至暴露出你可以解决的隐藏问题。

坎特写道："将内容策享（content curation）[①] 付诸实践，既是一门艺术，也是一门科学，但主要还是和日常实践有关。"

提出更好的问题比找到正确的答案更具价值

在全新销售的世界中，有能力提出正确的问题，比给出正确的答案更具价值。但遗憾的是，我们的学校教育往往对后者更加看重。它教我们如何作答，却没教我们如何提问。正确提问研究所（Right Question Institute）的人们试图纠正这种失衡状况，他们想出一个方法，可以使教育工作者借此帮助学生提出更好的问题，甚至可以帮助我们这些早已毕业多年的"老江湖"。

在拨打你的下一通销售电话之前，在同前妻尴尬地见面之前，在与讨厌的老板碰头之前，请先试一试正确提问研究所的这套"逐步提问技术"。

---

① 内容策享另有译法：如内容策展、内容集展。编者认为，content curation 有对大量信息进行收集、整理、策划、分享之意，故此采用"内容策享"的译法。——编者注

1. 生成问题。

整理一份问题清单，想到多少就写出多少，不要边写边判断、讨论或者解答，也不要修改。只要把脑袋里冒出来的问题写下来就行。把所有的陈述句改成疑问句。

2. 完善你的问题。

浏览你的问题清单，把问题归类为“封闭式问题”（可以用“是”或“否”回答的问题）和“开放式问题”（需要加以解释，不能用简单的“是”或“否”作答的问题）。观察这两类问题，想一想它们各自的优缺点。最后，针对若干封闭式问题，提出一个开放式问题；对若干开放式问题，提出一个封闭式问题。

3. 按重要性将问题排序。

从中选择 3 个最重要的问题。想一想你为什么选择了这几个问题，再一次进行编辑调整，使之更加清晰、明确。

在这个过程中，你可以锁定 3 个有力的问题，向坐在你对面的人提出来。这些问题可以帮助你们弄清自己所处的位置，以及应当往哪个方向去。

帮你理清思路的 5 本书

有不少图书都讨论过本章的部分主题，包括从框定论点，到找到问题，再到澄清信息。以下列出我最喜欢的 5 本。

《影响力》：罗伯特·西奥迪尼著。在研究说服行为方面，西奥迪尼比全世界其他任何人都做得更多。本书是他的经典之作，你必须读。我是说真的，现在就去买！他的公众研习会也很精彩，我曾亲自参加过。

《行为设计学：让创意更有黏性》（*Made to Stick: Why Some Ideas Survive and Others Die*）**：**奇普·希思（Chip Heath）和丹·希思（Dan Heath）合著。希思兄弟是西奥迪尼的接班人，本书是两人 2007 年所写的第一本书。它会教给你创建黏性消息的几大原则：简单，出人意料，具体，可信，要长于调动他人情绪，有故事性。

《瞬变：让改变轻松起来的 9 个方法》（*Switch: How to Change Things When Change is Hard*）**：**希思兄弟合著。《行为设计学》出版 3 年以后，希斯兄弟推出了另一部同样出色的作品。这本书论述的主题是“改变”，它会告诉你理性的骑手怎样驾驭感性的大象，协调工作。

《好好吃饭：无须自控力，三观最正的瘦身指南》（*Mindless Eating: Why We Eat More Than We Think*）**：**布莱恩·万辛克（Brian Wansink）著。清晰的反义词是混浊，而混浊的近亲是没头脑，即茫然无知的状态。汪辛克指出，茫然无知的状态使我们陷入潜在说服者的陷阱，在不知不觉中吃得太多。

《助推：如何做出有关健康、财富与幸福的最佳决策》（*Nudge: Imprving Decisions About Hedt Wealth, and Happiness*）**：**理查德·塞勒（Richard Thaler）和卡斯·桑斯坦（Cass Sunstein）合著。两位教授根据行为经济学领域的研究成果，揭示出改变“选择架构”可以推动人更好地做出生活决策。

提出 5 个为什么

有孩子的读者恐怕会对那些接连不断的“为什么”很熟悉，而且有时候会感到很恼火，但是孩子们不断提出问题是有原因的。他们在试着弄清，在我们身处的这个疯狂世界，事情都是怎么运转的。世界顶级创意和设计公司 IDEO① 从小孩子的行为中学到了一招，并将之用于寻找设计问题。它称这种技术为“5 个为什么”。具体做法如下：

当你想弄清别人的问题是什么时，问一个“为什么”；对方做出回答后，再问一个“为什么”；对方再回答，你再问“为什么”。如此反复，一共问上 5 次。

没错，这可能会把人惹恼，但你从中发现的东西可能会让你大吃一惊。IDEO 解释说：“这个练习强迫人们反思、表达其行为和态度背后的内在原因。”这有助于你发现最需要解决的潜在问题。

寻找至关重要的 1%

很久以前，当我还在法学院读书时，修过一门名为“国际商事交易”的课程，教授名叫高洪柱。课堂上所学内容的具体细节我已经记不清了，它似乎是有关信用证，还有美国《反海外腐败法》（*Foreign Corrupt Practices Act*）什么的。但我一直忘不了教授在一个春天的下午和我们说的一段话。

他说，要理解法律或者其他任何事情，关键是要专注于所谓的

① IDEO 公司总裁蒂姆·布朗的经典著作《IDEO，设计改变一切》带领我们深度了解“设计思考”。该书中文简体字版已由湛庐引进，浙江教育出版社于 2019 年出版。——编者注

“1%”。他劝导我们，**不要迷失在那些铺天盖地的细节当中，相反，要思考你正在探索的本质，即那赋予其他 99% 以生命力的 1%**。理解了这个 1%，并向别人进行解释，是一个人思路清晰的标志，也是优秀律师的一大特点。

头脑清晰也适用于同样的逻辑。无论你是向一家巨头公司推销电脑，还是哄小孩子入睡，不妨都扪心自问：“关键的 1% 是什么？”如果能够回答这个问题，并传达给其他人，你就很有可能打动他们。

TO SELL IS HUMAN

第三部分

全新销售实践

THE SURPRISING TRUTH ABOUT MOVING OTHERS

TO SELL IS HUMAN

THE SURPRISING TRUTH ABOUT MOVING OTHERS

07 运用话术，精彩开场

话术的目的，是呈上某个极具吸引力的东西，让对方主动参与进来。在这个关注度有限的全新时代，谁能用简单、干脆、有效的方法把信息传递出去，谁才是最终的赢家。

1853 年的秋天，有个叫伊莱沙·奥的斯（Elisha Otis）的美国工匠为当时最棘手的一项工程难题找到了解决办法，他想找个大舞台展示自己的发明。

那时候，美国许多建筑都装了电梯，但这些简陋的玩意儿不过就是一堆绳子、滑轮和“对好运气的指望”组装起来运作的装置，跟阿基米德时代的东西并无太大不同。一根粗缆绳顺着竖井把一个平台拉上拉下，大多数情况下这套装置是没有问题的，可要是缆绳断了，平台就会摔到地上，害死电梯里的乘客。

奥的斯想出了解决这一缺陷的办法。他给平台加装了一条货车弹簧，又在竖井里安装了棘齿条，这样一来，如果缆绳断了，就会自动激活弹簧安全制动装置，不让电梯猛然跌落。这个发明有着巨大的潜力，可节约金钱、救人性命，但公众对此却满是怀疑和担心。

于是，他租下了当时纽约市最大的会议中心展览大厅，并在一楼大厅搭建了开放式的升降平台和竖井。一天下午，他召集几个人来做展示，只见他爬上平台，指示助理把升降机升到离地面三层楼高的位置。接着，他站直身子，低头凝视人群，拿起斧子砍断了将平台吊在半空的缆绳。观众倒吸一口冷气。平台跌落下去，但在几秒内安全制动装置发挥了作用，拉住了下降的电梯。奥的斯依然活生生地站在那里，他朝下面慌乱的人群喊道："安全得很，先生们。安全得很！"

那一刻，两个"第一"诞生了。那是证明电梯能安全载人的第一次现场示范。没错，你现在也可能已经猜出来了：奥的斯后来创办了奥的斯电梯公司。但还有一点更切合本书的主题，也就是用简单、干脆、有效的方法去传递复杂的信息，努力打动别人：那是世界上第一次"电梯游说"（elevator pitch）。

在本书的第二部分，我们学会了传统销售和非销售的销售必备的3项"怎么做"素质。在第三部分，我将讨论依靠3项"做什么"关键能力：话术、即兴发挥和服务。本章讨论的是销售话术，就像1853年奥的斯做的那样，提炼自己的观点，发挥它的说服效果。若想理解这个过程的动态变化以及话术本身的目的，好莱坞是个着手的好地方。

不是立刻打动人，而是吸引对方主动参与

> 兜售话术的成功与否，就像棒球比赛一样，不光取决于投球的投手，也取决于捕手。捕手越是能够有所贡献，亮起绿灯的可能性也就越大。

漂亮的销售话术是娱乐产业的中心环节。例如，电视、电影制片与编剧等创意人员开会，后者为了下一部大片或热播的电视剧推销自己的想法。电影本身也能让人约略窥视出这些环节的究竟。在

讽刺电影《大玩家》(*The Player*)里，一位迫不及待的编剧夸口许诺说："这部戏可是《走出非洲》(*Out of Africa*)加《漂亮女人》(*Pretty Woman*)的综合体！它就像《上帝也疯狂》(*The Lods Must Be Crazy*)，只不过里面可乐瓶的角色换成了女演员！"但在幕布后面真正发生了什么，一般情况下还是挺神秘的，于是，两位商学院教授决定空降到幕布后面去看个究竟。

加州大学戴维斯分校的金伯利·艾尔斯巴赫(Kimberly Elsbach)和斯坦福大学的罗德里克·克雷默(Roderick Kramer)用了5年时间，研究好莱坞电影的推销手法。他们参加了数十次推销会议，分析了会议脚本，采访了编剧、经纪人和制片人，最后向《美国管理学会学报》(*Academy of Management Journal*)提交了一篇论文，并因此获奖。哪怕是我们这些坐在家里看视频的门外汉，在读了这篇精彩的论文后，也能对销售话术的精髓有所领会。他们有一点重要的发现：兜售话术的成功与否，就像棒球比赛一样，不光取决于投球的投手，也取决于捕手。艾尔斯巴赫和克雷默揭示出，这一精心设计的仪式下面，隐藏着两个过程。

第一个过程中，捕手，即执行董事，利用各种身体和行为线索迅速评估投手，即编剧的创意。捕手认为激情、智慧和怪里怪气是正面线索，而油滑、太过卖力、提出太多不同的想法是负面线索。如果捕手在最初几分钟就把投手划入"缺乏创意"的范畴，那么该轮会面基本上就算结束了，哪怕它实际上并未结束。

但对投手来说，只关注"有创意"的话术还不够，因为**第二个**

过程也在起着作用。最成功的话术是这样的：投手不是硬生生地把自己的想法扔给捕手，直到对方说出“好”来；相反，投手应邀请捕手跟自己合作。执行董事（艺术家常常语带嘲笑地称之为“穿西装的”）越是能够有所贡献，创意就会变得越好，亮起绿灯的可能性也就越大。研究人员发现，捕手完全被投手调动起来，整个过程就像是合作，这样的场面最为可贵。艾尔斯巴赫表示：“要是捕手感觉自己像是创意合作者，拒绝的可能性就会降低。”一些研究对象对这一互动有一番自己的见解。一位得过奥斯卡金像奖的制片人对两位教授说：“到了特定的时间点，故事的创作者，也就是编剧，需要抽身而出。让董事把他自己的需求投射到编剧的点子上，感受到这个故事是完整的。”然而，“要是推销不成功，”另一位制片人解释道，“就说明编剧不肯退让，听不进别人的话。”

这里的教训很关键：**销售话术的目的，不一定是立刻打动他人，使他人采纳你的观点。**它的目的是呈上某个极具吸引力的东西，展开对话，让对方主动参与进来，最终达成有利于双方的结果。在买家掌握丰富信息、多样选择的世界里，话术很重要，但它并不意味着最终结果。

销售话术的 6 大全新技巧

> 今天，我们把信息传播出去的机会，多得远远超出想象。在这个关注度有限、卖家谨慎的时代，谁能用简单、干脆、有效的方法把信息传递出去，谁才是最终的赢家。

奥的斯的突破对很多行业起到催化作用，咨询业也包括在内。

几乎从电梯落入寻常人家的那一刻起，戴尔·卡内基等大师就劝我们，要随时随地准备好自己的“电梯游说”。他们的观点是，如果你步入电梯时正好碰到大老板，你需要在从电梯门关上到到达你所去楼层的这一段时间内，介绍自己是什么人，在做什么。

20 世纪的几十年里，电梯游说一直是标准的推销流程。但时代和技术发生了变化，在 21 世纪，这个古老的做法已经变得过时，原因至少有两点。

- **第一，当今的公司大都比从前人们统一穿着灰色法兰绒西服的时代更加民主。**很多 CEO，哪怕是大公司的 CEO，也和其他员工一样坐在小隔间里，要么就是在开放办公室办公，方便联系与合作。现在，大门紧闭的情况不再是常态。50 年前，你我恐怕只有在电梯口才能获得跟公司 CEO 沟通的机会；今天，我们则可以到他的工位去找他，给他发电子邮件，或者在全体会议上向他提问。
- **第二，在 20 世纪中期，CEO 走出电梯回到自己的办公室后，大概只有几通电话要接，几份备忘录要看，几场会议要开。**如今，每一个人，不管是组织的负责人，还是新招聘的员工，都面临着不可遏制的信息洪流。据麦肯锡全球研究院估计，典型的美国人每天要听到或读到 1 万个单词。就算我们暂时离开办公桌去端杯咖啡，回来的时候也会收到一大堆新的电子邮件、短信和微博，还有各种我们未读的博客帖子、没看过的视频，以及没来得及回复的电话（此种情况仅限 40 岁以上人士）。

今天，我们把信息传播出去的机会，多得远远超出奥的斯的想象。但同 1853 年聚在展厅里观看奥的斯砍断缆绳的现场观众们比起来，如今接受信息的人，也会被更多的事情分心。所以，在这个关注度有限、卖家谨慎的时代，我们必须拓宽自己的销售话术。

在过去几年里，我一直在收集各类销售话术，根据我的研究，以下 6 大技巧，有望成为电梯游说的“接班人”。让我们一一来看这些技巧是什么、为什么管用，以及你该如何利用它展开对话、打动他人。

| 一词话术 |

在一个每个人的注意力持续时间都很短暂的时代，终极话术是从一个词开始的，且不会再多发一个音。

一词话术部分源自莫里斯·萨奇（Maurice Saatchi），他和自己的兄弟查尔斯共同创办了广告代理公司盛世长城（Saatchi & Saatchi）和上思广告（M&C Saatchi）。几年来，萨奇一直在大力宣扬他口中的“一词权益”（one-word equity），他提出，在充斥着“数码原住民”[①]的世界，争夺注意力的战斗激化了，而这场争夺战的展开方式几乎没有人能够理解。他说，注意力的集中时间不只是缩短了，而是差不多完全消失了。所以，要想让他人听到你发出的声音，唯一的办法就是简洁到极致。

萨奇写道：“在这种模式下，各公司会竞相在公众心目中争夺某个字词的全球所有权。”公司的目标，以及这种销售话术的目的，是定义它们最希望自己的品牌所紧密联系的一个特征，并向全球宣告

① 数码原住民指30岁以下，几乎不记得没有互联网的生活的年轻人。

该特征属于自己，这就是“一词权益”。每当有人想到你，就会说出那个词；每当有人说出那个词，就会想到你。

如果你觉得这种愿望看起来太缥缈，那不妨来看看有些公司在这条路上走了多远。问问自己：听到“搜索”（search）这个词时，你会想起哪一家科技公司？听到“无价”（priceless）这个品牌理念时，你会想到哪一家信用卡公司？如果对前一个问题你回答“谷歌”，对后一个问题你回答“万事达卡”，那么你便证明了萨奇的观点。

萨奇表示：“**现在，只有简单粗暴的点子才行得通，因为它们更轻盈，跑得更快。**”尽管萨奇曾提出过用两个单词表达想法，而如果用连字符把两个词连在一起，后面还可以加上第三个词，但他坚持认为，“简单粗暴”只需要一个词。“两个词就不是无可比拟的‘神’了，而是两尊神。可两尊神太多了。”

外行人大可以轻率地批评一词话术过分简单，是信息传递的全面堕落，但这种看法误解了提炼一词话术的过程，也误解了其产生的刺激效应。把观点缩减为一个词，需要严格的规律，逼得人不得不头脑清晰。选择合适的字词，其余的东西会自动就位。例如，美国前总统奥巴马在2012年竞选连任时，围绕一个词制定了整个战略：“前进”（forward），这为我们提炼自己的话术上了重要一课。只要一个词！

| 提问话术 |

1980年，罗纳德·里根在严峻的经济形势下决定竞选美国总统。

让现任总统下台从来不是一件易事，尽管时任美国总统的吉米·卡特（1976年当选）并不怎么强势。里根必须证明卡特对国家经济监管不力，是时候换一换领导人了。里根面向选民时本可以采用陈述句："在过去48个月里，你们的经济状况恶化了。"接着，他可以用国家通货膨胀上升、失业率猛增等一系列数据来支持自己的主张。可他并没有这么做，而只是提出一个问题："你们现在的日子，比4年前过得更好吗？"

一如我们在第5章提问式自我对话的内容中所见，问题里往往包含了一套惊人的组合拳。但当我们尝试打动他人的时候，却没有充分利用提问，尽管许多社会科学研究都建议我们应当更多地利用这种手法。从20世纪80年代开始，一些学者就通过研究发现，提问比陈述更具说服力。

TO SELL IS HUMAN
全新销售实验

俄亥俄州立大学的罗伯特·伯克朗特（Robert Burnkrant）和丹尼尔·霍华德（Daniel Howard），对一群学生测试了一系列简短话术的影响力。他们请大学生审议一个议题：大学是否应当要求大四学生通过综合考试才能毕业？较之单纯的陈述句，要是研究人员把支持该措施的有力论据表现成提问的形式，如"对想继续升入研究院或高等职业学校深造的学生而言，通过综合考试是否有所帮助？"那么参与者支持该措施的可能性更大。当然，提问也不见得总能达到最好的效果，研究人员还发现，要是潜在论据站不住脚，提问的方式反而会带来负面效应。

形成差异的原因在于问题的运作方式。**我做出陈述，你只能被动接收；而我提出问题，你会被迫有所反应。**如果是直接提问，你可以大声作答；如果是反问句，你可以默默地在心里面作答。既然你需要回答，就需要付出一定心力，即研究人员所谓的“对信息内容进行更为集中的处理”。深入的处理能洞穿有力论据坚实的根基，也揭示了无力论据脚下的虚空。

继续说回 1980 年总统竞选的例子。对里根而言能发挥绝佳作用的问题，对卡特却会造成毁灭性的打击。如果卡特主张美国人的经济状况在自己任期内有所改善（对绝大多数选民而言并非如此），那么“你们现在的日子，比 4 年前过得更好吗”的问题反倒会促使人们更深入地思考，最终得出与卡特心中所想的截然不同的结论。出于这个道理，2012 年，当时的共和党总统候选人米特 · 罗姆尼（Mitt Romney）想借用里根的这一问题将奥巴马一军，却没能捡着便宜。随后的民意调查发现，尽管有许多选民认为自己过得不如 4 年前好，但有更大比例的选民表示，自己过得一样好，甚至更好了。所以，这个问题的攻击力度自然不尽如人意。

提问能让人们多动脑筋，促使人们自己找理由去支持或反对。而一旦找到了理由相信某件事，他们的信念会更加强烈，也更有可能采取行动。有了这些对潜在社会心理学的认识，下一次，当你掌握有力论据，想说服老板、新的潜在客户或者犹豫不决的朋友时，是不是应该放弃陈述，改成提问呢？

| 押韵话术 |

律师，尤其是法庭辩护律师，就是以打动他人为业。他们要把自己的主张推销给陪审团，而努力的一大环节就是结案陈词，即将庭审过程中所有提交给法庭的证据进行最后汇总。这是一种终极话术，要把几天甚至几个星期里罗列的资料概括出最核心的内容。

TO SELL IS HUMAN
全新销售案例

1995 年的一天，一位叫约翰尼·科克伦（Johnnie Cochran）的美国律师正在为自己的客户，被指控谋杀前妻及其友人的前橄榄球明星 O. J. 辛普森（O. J. Simpson）做结案陈词。陪审员要考虑的证据包括一只在谋杀现场发现的血手套，检方声称该手套是辛普森的。在庭审过程中，为了证明手套的确属于辛普森，检察机关曾要求辛普森当着陪审团的面把手套戴上。辛普森照做了，但大费周章，最终手套还是戴不上。在结案陈词中，科克伦为委托人做了无罪辩护："既然手套不合手"（If it doesn't fit）。

大多数目睹了当时情形的美国观众，想必还记得剩下的半句话，"……你就必须放他走"（…you must acquit）。结果，陪审团宣告辛普森无罪。科克伦紧密押韵的 14 个字立下了汗马功劳：既然手套不合手，你就必须放他走。

科克伦可能是出于经验和直觉这么做的，但这一手法得到了社会科学研究的充分支持。例如，2000 年，拉斐特学院（Lafayette College）的马修·麦格隆（Matthew McGlone）和杰西卡·托菲巴克什（Jessica Tofighbakhsh）进行了一项研究。他们给被试浏览了一份有 60 句格言的清单，并请被试评定这些话是否准确地描述了人类行为。研究人员对几句本来押韵的格言做了修改，改成了不押韵的形式，如表 7-1 所示。

表 7-1　押韵与不押韵格言对照表

押韵的格言	修改后不押韵的格言	译文
Woes unite foes.	Woes unite enemies.	困境使人团结。
What sobriety conceals, alcohol reveals.	What sobriety conceals, alcohol unmasks.	清醒缄其口，酒后吐真言。
Life is mostly strife.	Life is mostly struggle.	人生路难行。
Caution and measure will win you treasure.	Caution and measure will win you riches.	小心驶得万年船。

被试认为左栏的格言比右栏的描述更准确，哪怕两栏的意思基本上并无区别。然而，当研究人员问被试："你认为押韵的格言比不押韵的格言更准确地描述了人类行为吗？"时，他们压倒性地做了否定回答。他们下意识地认为押韵的格言更准确，而只有明确地告诉他们，要把格言的意思和表现形式区分开来时，他们才表示，两种说法的准确性是一样的。

这是怎么回事呢？语言学家和认知科学家认为，押韵提升了所谓的"处理流畅度"，即大脑拆分刺激、理解刺激的难易程度。押韵带来了良好的语感，读起来朗朗上口，于是我们也就把这种流畅度视同为准确度。所以，押韵强化了推理。

出于这个原因，德国糖果公司哈瑞宝（Haribo）为宣传自家公司最出名的小熊软糖（gummy bears），在其市场经营范围内的每一个国家都会用该国语言设计一段押韵的宣传口号。

- 英语宣传口号：Kids and grown-ups love it so——the happy world of Haribo。
- 法语宣传口号：Haribo, c'est beau la vie——pour les grands et les petits。
- 西班牙语宣传口号：Haribo, dulces sabores——para pequeños y mayores。[①]

哈瑞宝借助的这一知识，也可以应用到你的工作和生活当中。如果你要到市议会作证，不妨将主要观点总结成押韵的句子，让议会成员在审议时好好地咀嚼一番；如果你是自由职业者，受邀给潜在大客户做陈述，使用押韵的句子可以提高听众的处理流畅度，这样当客户在比较你和竞争对手时，你的信息会始终徘徊在对方的脑海里。请记住：**押韵的话术让人惊艳。**

| 主题话术 |

电子邮件已经深深地融入我们的生活，正如施乐帕克研究中心（Xevox PARC）的一位研究员所说："与其说它是应用程序，倒不如说是一块栖息地。"但和所有的栖息地一样，我们越是深入地沉浸其中，就越是难以注意到它有什么鲜明的特点。这就是为什么我们当中有许多人都意识不到，自己发送的每一封电子邮件都是一次销售话术。它呼吁别人给予注意，邀请他人参与其中。

电子邮件的收件人是否愿意打开邮件、接受邀请，取决于发件

① 上述几个句子的大意均为：哈瑞宝世界乐哈哈，大人娃娃喜欢它。——译者注

人。老板和女朋友寄来的消息，你一定会打开阅读，可一家你从没听过名字的公司要卖给你一种一辈子也用不上的产品，你恐怕没有工夫理会。但电子邮件还有第二个重要的元素，即主题栏，也就是让人预览、预测内容的信件标题。

2011 年，卡内基梅隆大学的 3 位教授进行了一系列研究，调查为什么某些主题栏极为有效。在一项实验中，他们使用了“大声思考法”，也就是请被试浏览收件箱里的电子邮件，并说出他们对所读内容的决定是回复、转发，还是删除。研究人员发现，被试的决定取决于两个因素：**实用性和好奇心**。人们很可能会阅读对工作有直接影响的电子邮件，这没什么好奇怪的。但他们同样可能打开对内容有中等程度不确定性的邮件，即他们“好奇”邮件要传达什么样的信息。

实用性和好奇心在效力上是相同的，但两者似乎只能各自独立运作。**当收件人有大量电子邮件要处理时，实用性更加管用，但在低负荷的条件下，好奇心会驱使人们关注电子邮件**。不同条件下人们的行为不同，原因在于选择背后的动机。人们会出于外在原因打开有用的信息，因为他们会有所得，或是有所失；他们也会出于内在原因打开其他信息，因为他们好奇。大量研究表明，若想在外在动机之上再添加内在动机，往往会得不偿失。故此，卡内基梅隆大学的研究人员表示，你的电子邮件主题要么一目了然地有实用性（“找到最便宜、最好用的复印机”），要么有点儿神秘感、吊人胃口（“复印机的大突破”），但最好不要两样都有（“佳能 IR2545，复印机的大突破”)。考虑到大多数人对电子邮件体量的担心，实用性往往会胜过好奇心，尽管在某些情况下，以挑衅甚至空白的主题栏在调动人天生的好奇心方面会有奇效。

除实用性和好奇心之外，电子邮件主题栏的第三项原则是：**具体**。事实上，热门文案写作网站“文案博客”（Copyblogger）的创办人布莱恩·克拉克（Brian Clark）就建议说，主题栏要“超级具体”。故此，模糊的主题栏没什么效果，如“提高你的高尔夫挥杆水平”；而“4 个技巧，今天下午就能提高你的高尔夫挥杆水平”则好得多。

掌握了实用性、好奇心和具体这 3 项原则，如果我要给你写一封电子邮件推广上述 5 段话，而且我猜测你的收件箱里信件很多，那么我会在主题栏里这么写：“3 种简单而有效的方法，让你打开电子邮件”；但如果我猜你平常收到的电子邮件并不多，而且你早就认识我，那么我大概会这么写：“我刚听说了一些有关电子邮件的怪事。”

| 微博话术 |

艾奥瓦大学蒂皮商学院每年会收到 300 多份 MBA 就读申请，但该校每年的招生名额仅为 70 多人。以往，申请人需要提交自己的大学成绩、标准商学院入学考试的分数、推荐信以及数份论文。但在 2011 年，商学院在遴选过程中增加了一场比赛，有意检验未来商界领袖们的销售话术实力。校方给出了一道相当标准的作文题：“为什么你认为自己是商学院全日制 MBA 的优秀候选人，以及未来的 MBA 人选呢？”它要求申请人以微博的形式，即使用不多于 140 字做出回答。

这就是微博话术，以社交媒体作为平台，140字则专门用于限制冗余的内容。程序员、设计师兼投资人斯托·博伊德（Stowe Boyd）是采用微博话术的一位先驱，2008年，他参加一个会议，打算与一些创业公司的人见面。为了不让跃跃欲试的创业者们一打开话匣子就停不住嘴，他要求所有前来见他的人先发一条自我推销的微博给他。一位评论家表示，这种做法“迅速、无痛苦、切中要害。它刺穿了公关泡沫，强迫公司用少于140字的长度概括自己所做的事情”。随着微博更深入地渗透我们的生活，博伊德的“微博话术”成为人们发挥说服技巧的又一重要工具。

有效微博的标志和其他有效话术的标志一样，即能够调动接收方，让他们通过回复、点击链接、将微博与他人分享的方式，鼓励他们将对话进行下去。只有少数学者严谨地研究过这类新媒体，并发现其实只有很少的一部分实现了上述目标。

TO SELL IS HUMAN
全新销售实验

2011年，来自卡内基梅隆大学、麻省理工学院和佐治亚理工学院的3位计算机科学家对所谓的“微博内容价值”进行了第一次系统考察。他们建立了一个网站，取名“谁发了微博”（Who Gives a Tweet），邀请用户评价他人的微博，同时提交自己的微博，换取其他人的评价。研究人员分析了超过43 000条评价后，发现微博这种沟通媒介，按中学辅导员的话来说就是，“并没有完全发挥出自己的潜力”。

读者仅将36%的微博评为值得一读，考虑到这些微博是他们自愿关注的博主所发，这个数字实在低得惊人。读者还表示 25% 的微博完全不值一读，并认为 39% 的内容“不好不坏”。由于当代人每天要分心的事情太多，这么说无异于宣布这些内容也完全不值得一读。

评价最低的微博可以分为 3 类：埋怨类（“飞机晚点了，这都是第几回了？”）；状态类（“我要点金枪鱼三明治。”）；维持存在感类（“早安，大家好！”）。另外 3 类获得评价最高的微博则为我们提供了如何利用这一新媒体展开销售话术的洞见。例如，向关注者提问的微博被给予最高评价，这再次确认了提问在吸引人、打动人方面的力量。读者对提供信息和链接的微博打分也很高，如果文字内容新鲜、具有第 6 章中讨论过的清晰力，得分尤其高。此外，如果文字内容在宣传自己的同时还提供了有用的信息，读者对这类自我宣传型（这也是最高级的销售话术）的微博也会给予很高的评价。

让我们重新回到蒂皮商学院的微博就读申请比赛上来。获胜者是约翰·耶茨（John Yates），他的获奖微博以俳句的形式强调了自己先前在亚洲的工作经历，每一行的音节数严格恪守俳句格式，即三个句子的字数分别为 5 字、7 字、5 字。

全球化思维（5），
创新能力和动力（7），
蒂皮来助推（5）。

它不会让人自我膨胀，但能调动人的兴趣，并提供相关信息。获胜者不仅锁定了来年蒂皮商学院的入学资格，还得到了价值超过3.7万美元的奖学金大礼包。光是看他每个字赚了2 000多美元的能力，就能够预见年轻的耶茨很有可能会在全新销售的世界里闯出一番天地。

| 故事话术 |

在好莱坞以北400多公里的旧金山湾东岸，有一座很小的城市，一家娱乐业巨头的总部就坐落在这里。1979年，皮克斯动画工作室作为卢卡斯电影公司的电脑动画分部，成立于加利福尼亚州的埃默里维尔（Emeryville）。35年之后，它成为电影史上最成功的一家工作室，从1995年的《玩具总动员》（*Toy Story*）算起，皮克斯已经制作了13部动画长片，在全球范围内共获得76亿美元的票房，每部电影的平均票房高达5.85亿美元。6部皮克斯电影《海底总动员》（*Finding Nemo*）、《超人特工队》（*The Incredibles*）、《美食总动员》（*Ratatouille*）、《机器人总动员》（*Wall·E*）、《飞屋环游记》（*Up*）和《玩具总动员》获得了奥斯卡最佳动画长片奖，而工作室更是拿下了共计26座奥斯卡小金人。

皮克斯是怎样做到这一切的呢？成功背后的推动者有很多，如史蒂夫·乔布斯的远见卓识，他在该工作室创办之初就对其进行投资；华特迪士尼公司的发行和营销实力，它跟工作室签订了发展协议，2006年又将其收购；当然也包括皮克斯技术和艺术团队对细节的关注，但另外一个原因则在于他们讲故事的方式。

艾玛·科茨（Emma Coats）作为工作室的前编剧，破解了皮克斯的密码，并在此过程中创造了一套势不可挡的新话术模板。科茨认为，皮克斯的每一部电影都有着相同的叙事DNA，故事的深层结构由前后连续的6句话组成。

从前，______。
每天，______。有一天，______。
正因为如此，______。正因为如此，______。
终于，______。

就拿《海底总动员》的剧情为例：

从前，有一条名叫马林的鱼，他的妻子早亡，他对唯一的儿子尼莫爱护有加。每天，马林都警告尼莫，大海里充斥着危险，并恳求儿子别游得太远。有一天，出于逆反心理，尼莫无视爸爸的提醒，游到了开放水域。正因为如此，尼莫被潜水员抓住，成了悉尼一位牙医的宠物，被养在鱼缸里。正因为如此，马林踏上了拯救尼莫的旅途，一路上还争取到其他海洋生物的帮助。终于，马林和尼莫找到了彼此，父子团聚，认识到爱取决于信任。

这6句话有着一种娓娓道来、不紧不慢的吸引力。它让推销员利用了讲故事的说服优势（关于这一点，有充分的研究资料可证实），同时又保持了简洁和条理性。

假设你有一家非营利组织，设计了一种家用艾滋病毒检测试剂，正在寻找资助者。你的故事话术可以这么说：

从前，一种疾病困扰着非洲许多地方的人们。每天，因为不知道自己已经感染了病毒，成千上万的人死于艾滋病及其并发症。有一天，我们开发了一种价格低廉的家庭艾滋病检测试剂，人们可以用简单的唾液试纸来自我检验。正因为如此，越来越多的人验明了病情。正因为如此，染病的人主动寻医问药，并采取措施避免传染他人。终于，这场来势汹汹的疾病的蔓延势头缓了下来，越来越多的人活得更久了。

甚至，连本书的内容也可以用故事话术来概括：

从前，只有某一部分人从事销售工作。每天，他们卖东西，其他人做东西，人人都很开心。有一天，一切都发生了改变：我们所有人都跟销售搭上了关系，行业特色也从“买家谨慎”变成了“卖家谨慎”。正因为如此，我们必须学习销售 ABC 新三样：内外和谐、情绪浮力和头脑清晰。正因为如此，我们必须学习一些新技能：销售话术、即兴发挥和服务。终于，我们意识到，销售不是残酷市场文化下的副产品，而是我们的一部分。所以，更讲人情味，能让我们把销售工作做得更好。

为理解这 6 种销售话术的运用方式，先让我们假设你住在一个虚构的城市：比斯顿。一座大桥横跨赫罗纳河，将你所在的城市和邻近更大的城市阿伯维尔连接起来，但它年代太过久远，摇摇欲坠。此时，你希望修一座新的四车道大桥以换下旧桥，而为此你要说服很多人，包括市政府、比斯顿的市民，甚至是阿伯维尔的市民。你做了大量的工作，搞清楚怎样为新桥筹措资金，评估它对环境的影响，以及决定由谁来设计施工，等等。运用上述 6 种销售话术，以不同的方式展开谈话，能实现你所追求的结果。你的故事话术可以是这样的：

> 从前，从比斯顿到阿伯维尔既困难、又费时。每天，人们都需要横跨旧桥，但因为路途漫长、安全堪忧，过桥又很费时间，很多人干脆放弃了出行的念头。有一天，市民们走到了一起，筹资修建一座现代化的新桥。正因为如此，比斯顿的市民能少浪费些时间，家人也会感到更安全。正因为如此，更多人可以到阿伯维尔上班、购物，带动经济蓬勃发展。终于，新桥成了我们生活中必不可少的一部分，我们简直想不通，为什么不早点儿建新桥呢？

使用微博话术可以这么做：发一条链接，附上新桥的建筑渲染图，列出它能带来的好处，并用下述文字吸引人们点击：看看比斯顿和阿伯维尔明天的新容颜，为什么我们需要创造这样的将来？

如果你要发送信息给比斯顿的市民，电子邮件的主题话术可以是：比斯顿人支持建新桥的 3 大原因。

押韵话术又是什么样的呢？“两市相连，机会无限。”（Opportunities are wide on the other side.）

提问话术可以帮助人们根据自己的经验展开思考：到阿伯维尔去就应该这么困难吗？

一词话术可以解释你努力的原因以及本章应教会你的一课：连接。

化繁为简，修炼话术

练习 6 种话术方式

提升话术技巧最有效的方法就是：练习，再练习。

1. 一词话术

高手提示：写一段 50 字的销售话术，将之删减为 25 个字，再删减为 6 个字。这 6 个字里必定有一个是你可以用来进行话术的那个字或词。

试试看：________________。

2. 提问话术

高手提示：如果你的论点有力，使用问句；如果论点无力，使用陈述句。更好的办法是寻找一些新论据。

试试看：________________。

3. 押韵话术

高手提示：不要绞尽脑汁地去压韵，到网上找一部韵脚字典即可。

试试看：________________。

4. 主题话术

高手提示：浏览你最近发送的 20 封电子邮件的主题栏，看看其中有多少封邮件的标题做到了以实用性和好奇心来吸引别人。如果统计出来的数字小于 10，对没有通过测试的标题进行改写。

试试看：________________。

5. 微博话术

高手提示：尽管微博允许输入 140 字，但尽可能将话术内容限制在 120 字以内，方便他人转发。记住：最好的微博话术在于简短、亲切、便于转发。

试试看：________________。

6. 故事话术

高手提示：请按照皮克斯工作室前编剧艾玛·科茨的话术模板进行叙事。

试试看：

从前，______。

每天，______。有一天，______。

正因为如此，______。正因为如此，______。

终于，______。

回答 3 个关键问题

准备销售话术时，不管你选择了哪种类型，请务必确定自己能够解答下面这 3 个问题，从而认清自己的目标和策略。

别人听完你的销售话术之后：

1. 你希望他们知道些什么？
2. 你希望他们产生什么样的感觉？
3. 你希望他们做些什么？

如果对这 3 个问题你的回答都很有力，那么你会更容易得手。

取长补短，记录无处不在的话术技巧

艺术家如何让自己的技艺变得更纯熟呢？毫无疑问，他们靠的是练习，但他们也会注意观察。画家会参观画廊，观看其他画家的作品，记下别人的技巧；歌手录音时会先录制试听版，反复听，然后设计方案加以改进。销售话术也是一种艺术形式，所以你不妨借鉴一下艺术家的做法。

例如，为话术做笔记。用个小的记事本或是直接在智能手机上记下你在日常生活中听到的精彩话术，包括精明的广告宣传，妈妈向孩子提出的要求，同事申请获得新任务的话术。这种做法有两个目的：它能让你时刻意识到周围的各种销售话术，还能帮助你观察哪些技巧能打动他人、哪些技巧如同风吹过耳。

另外，试着录下你的话术练习。给自己打个电话，留下一段话术语音邮件，或是用智能手机上的录音程序将它录下来，接着放给自己听。你说的话有道理吗？你的语气怎么样？你的语速如何？听自己的声音的确会很痛苦，但这是个练习的好办法，免得你以后更痛苦。

为你的销售增加动人的视觉元素

有一句话让所有的作家都恨之入骨：“一图胜千言。”虽然这句格言不押韵，但却说中了一个小小的事实。所有话术的主要成分都是言语，但面对某些类型的话术，你可以用图片为之增光添彩。例如，你可以附加能表明你想法的插图或照片，让提问话术、一词话术和押韵话术变得更生动。随着沟通方式的数字化，人们对文本的依赖越来越少，对图像的依赖越来越多，所以主题话术和微博话术可以加入图像链接以引人注意。你甚至可以使用道具，如果乔治·阿克洛夫（第 5 章提到的经济学家）要宣传信息不对称带来的后果，举起一颗柠檬会很不错。

同样的道理，视频既具备电子通信的高效传播功能，也带来一种亲密感：看着别人的脸，听着别人说话。通过网络软件发送一段视频信息，也是很好的技巧。

遵循 PPT 演讲的 20×20 原则

PPT 就像是天气或者电视真人秀，人人都对它埋怨不休，可没有人能采取行动对此加以抵制。无论我们在哪儿学习、在哪儿工作，总是要忍受这种无聊的场面：在黑暗的会议室里，有人用重点麻醉我们，窃取我们的灵魂，把它们烘烤成 3D 饼图。

于是，在东京任职的建筑师马克·戴瑟姆（Mark Dytham）和阿斯特丽德·克莱因（Astrid Klein）为糟糕的 PPT 演示开发了一种解毒剂。他们把这一发明称为“沛恰库恰”（pecha-kucha），在日语里的意思是“喋喋不休”。

“沛恰库恰”的演示文稿包括 20 张幻灯片，每张幻灯片在屏幕上出现 20 秒。要点在于这些规则是硬性的，不容更改，既不能是 19 张幻灯片，也不能是 21 秒，即必须是 20×20：20 张幻灯片，20 秒。演讲者要在6分40秒里，用适合的文字和图像完成自己的销售话术，接着，他就要闭上嘴巴，坐回原位。这种演示格式通过限制约束提升了清晰度，因为幻灯片是自动翻页的，演讲者必须优雅而迅速地传递自己的信息。

自2003年推出以来，“沛恰库恰”像“病毒”一般蔓延，最终在全球流行开来。一些组织现在会使用它来做内部简报。克莱因和戴萨姆还在全球547个城市进行了可免费参加的“沛恰库恰之夜”。在看到它是怎么操作的之后，你也可以自己试试看。

不要忽视销售中竞争顺序和数字的影响

说到顺序和数字对话术有怎样的影响，社会科学研究里充斥着各种有趣（有时甚至是互相矛盾）的发现。这里有两条得到了合理证据支持的通用规则。

1. 如果你是卫冕者，第一个上；如果你是挑战者，最后一个上。

按弗吉尼亚理工大学研究人员的观点，在竞争激烈的销售情境中，一连串的卖家会一个接一个地进行陈述，而如果市场领导者选择第一个进行展示，它便最有可能被选中。但对挑战者来说，最后一个上场效果最好。这一发现是否适用于其他情境目前尚不清楚，但一般而言，在中间发言是最容易被人忽视的。

2. 单位精确度高的数字比精确度低的更可信。

密歇根州大学的一项研究要求被试估计两种GPS设备的待机时长，一台设备称待机时长“长达2小时”，另一台实质上相同，但使用了精确度更高的表述：“长达120分钟”。结果，被试估计第一台设备能持续待机 89 分钟，第二台则能持续待机 106 分钟。

在人们的反馈中发现改进的机会

虽然我们并没有意识到，但我们做什么、如何做，其本身就是一种销售话术。因为我们在传达有关自己、自己的工作或组织的信息，其他人则对此加以理解。

花些时间弄清别人认为你在说什么。找 10 个人，其中包括同事、朋友和家人，问问他们听到以下 3 个问题时，脑海里想到的是什么：我的公司是什么样的？我的产品或服务是什么样的？我是一个什么样的人？要告诉他们，你想要的回答不是体型样貌（“高”“皮肤黑”“英俊”），而是某种更深层次的东西。

收集好他们的意见之后，观察其构成。很多时候，人们自以为在传达的东西与他人实际观察到的东西存在脱节，而了解这种脱节，就是改进的前奏。

TO SELL IS HUMAN

THE SURPRISING TRUTH ABOUT MOVING OTHERS

08 即兴发挥，巧妙应对

在与对手的谈判中永不争论，因为赢了论点，就是丢了买卖。是时候抛开精心制作的迷你剧本，做个销售的即兴表演大师了！

08

即兴发挥，巧妙应对

在晚春一个令人昏昏欲睡的星期二下午，我发现自己落入一个奇怪又难堪的境地：我站在曼哈顿一栋办公大楼的14层，跟一位女士（并不是我的妻子）面对面站着，我还使劲地凝视着她的眼睛。

请别为此责怪我，要怪就怪我的耳朵吧。和你们大多数人一样，我有一对好用的耳朵；但和你们中的不少人一样，我从未真正学会怎么使用它们。所以，我来到这个陌生的环境学习如何倾听。这是一间狭小的会议室，窗户用深色牛皮纸蒙着，除我之外，这里还有13名公司高管，有的来自美国银行这样的大公司，也有的来自名称怪异的数字创业公司。我们都是来向一位师傅学艺的，她的名字是凯茜·萨利特。1970年，她在初中二年级时辍学，然后在曼哈顿西区创办了自己的学校。她以社区组织者为业，后来当上了演员，再然后，因为一些特别的曲折缘由，她成了销售指导员（sales whisperer）。

她经营着一家名叫终生表演（Performance of a Lifetime）的公司，以指导商界人士即兴发挥的技能。其目的不是要他们到格林威治村四面漏风的俱乐部里演出，而是更高效地完成常规工作。她教导内容的核心是倾听。

在等候萨利特讲座开始期间，一位同学问我在哪儿高就。他戴着眼镜，下嘴唇有点儿外翻。

“我是个作家，”我挤出一抹笑容，暗暗邀请他和我对话，“我为自己工作。”

他却转过身走了，不再同我说话。这家伙看起来就很需要有人教教他怎么倾听。当然，也可能是我需要重新读一读有关话术的内容。

所以，在第一次配对练习的环节，我避开了那个人，找了一位跟我年龄相当的时髦女士。她是一家大型化妆品公司的高管，讲究外表是她工作的一部分。10 厘米的高跟鞋，鞋尖的部分露出脚趾，脚指甲被精心染成灰色。棕色的裤子和一件纯蓝色的褶边上衣，白金色的头发挽成一个紧紧的发髻，这些让她看起来就像是一个芭蕾舞演员。

我俩面对面地站着，而我胡子拉碴的下巴离她小巧秀气的鼻子只有几厘米远。萨利特说，第一课是“镜像练习”。我们要凝视伙伴的眼睛，跟上对方的每一个动作，就好像自己在照镜子一样。

我的伙伴慢慢举起了右手，所以我也慢慢抬起了自己的左手；她举起左手，向我展示她的手掌，我也将右手抬到相同的高度，掌心向外；她的头向右转，我也向左转。抬腿、耸肩、屈膝，全都一起做。

我们亲密得让人觉得尴尬。“要逼自己跟一个全无吸引力的陌生人保持这般亲昵，可真痛苦”，我猜她肯定是这么想的。

萨利特摇了摇在汽车旅馆前台才会用到的那种铃铛，这意味着轮到我领头了。我双手叉腰，她细长的胳膊配合着我的动作；我叉开腿，她照做；我手指交叉，高举过头，她也照做；我顺时针转身……结果我们就变成了开头说的那样。

销售，不再是按剧本表演的艺术

> 对剧本有利的稳定、简单、确定的环境，已经让位给对即兴发挥有利的动荡、复杂、不可预测的环境。相对于精心制作的迷你剧本，即兴表演大师能给你更多指导。

通过第 4 章我们已经了解到，策略性模仿可以提高换位思考的能力，但这里的镜像练习，则服务于另一种不同的目的。萨利特正在教我们即兴发挥的技术，而这一点对打动他人来说是至关重要的。

销售和戏剧有很多共同点。两者都需要胆量，销售人员拿起电话，呼叫陌生人；演员走上舞台，出现在陌生人面前。两者都招来拒绝，对销售人员而言，是“砰”的关门声，是“啪”地被挂断的电话，是一连串的“不要、不要、不要”；对演员来说，是试镜失败，是观众毫无反应，是苛刻的剧评。此外，两者都沿着大致类似的轨道发展。

例如，戏剧依赖剧本。演员可以按自己的方式诠释素材，但剧本告诉他们该说些什么，很多时候，还会具体规定怎么说和在什么地方说。美国的销售先锋们曾试图仿效戏剧的演出方法，如19世纪末创办了全美现金出纳机公司（National Cash Register Company，NCR）的约翰·帕特森（John Patterson）就曾要求公司所有的销售人员提前背脚本。一如哈佛大学商业历史学家沃尔特·弗里德曼（Walter Friedman）所提出的，随着时间的推移，这些销售脚本变得越来越详细，原先一段名为“我如何销售现金出纳机”的短文，最终演变成一份长度近200页的销售手册。

弗里德曼说，这些越来越详尽的指示，关注的不只是销售人员应该说些什么，而更强调他们说的时候该按照全美现金出纳机的舞台指示怎么去做。该公司的这套独白剧本里有不少“*”，指示着销售人员应该指向自己提及的东西。例如这样：“是的，先生，在这个登记册 * 做个记录。”“交易情况 * 会透过这块玻璃显示出来。”帕特森和他的团队甚至出版了一本《参考手册》（*Book of Arguments*），如果顾客提出问题或表明内心的顾虑，销售人员可以按照这些经前人反复排练过的台词加以回应。

20世纪的大部分时间里，全美现金出纳机公司精心制作的迷你剧本主导着全世界的销售行业，指导着销售人员达成圆满的结果。时至今日，它仍是销售景观的一部分，销售组织精心设计流程，用经过受众考验的短语指导员工一步一步地完成至戏剧落幕。脚本在稳定且预测性强的环境下（指买家选择余地小，卖家掌握着最多的信息）运行得很好。但一如我们所知，这样的环境已经越来越少见了。如今，全美现金出纳机公司会在官方网站上提供一份“常见问题清单”，让顾客在网上随时都能找出真实情况，使背下《参考手册》的价值越来越小。

这里，戏剧为接下来的发展提供了一些线索。千百年来，除了不多见的小丑剧或默剧，大多数舞台表演靠的都是演员背下别人写好的台词。事实上，直到 1968 年，每一出戏剧在英国上演之前，宫务大臣办公室都会阅读并做出批准，甚至还会安排监督员去看戏，以确保演员按既定剧本演出。但在 50 年前，两位创新家开始挑战这种对剧本的悉数依赖。

- 第一位是美国人维奥拉·司泊林（Viola Spolin），在 20 世纪四五十年代，她设计了一套游戏，以即兴创作人物、演讲和场景为中心，最初针对儿童，之后开始针对专业演员。1963 年，她出版著作《戏剧的即兴表演》（*Improvisation for the Theater*），书中所归纳整理的练习很快成为戏剧节目的主流。多亏她的儿子保罗·西尔斯（Paul Sills）接手了家族生意，使司泊林的想法最终促成了传奇剧团——第二城市剧团（Second City troupe）的诞生。剧团的几位干将，约翰·贝鲁西（John Belushi）、斯蒂芬·科尔伯特（Stephen Colbert）和蒂娜·费（Tina Fey）等人以精湛的无剧本现场喜剧表演艺术，塑造了美国的流行娱乐。
- 第二位创新家是英国人基思·约翰斯通（Keith Johnstone），他曾在伦敦皇家宫廷剧院工作多年。他对传统戏剧日渐厌烦，于是开始设计一套较传统形式更为宽松的表演技巧。1979 年，他写了一本名为《即兴：即兴表演和戏剧》（*Impro: Improvisation and the Theatre*）的书，被视为开创性著作。我在第 2 章提到的 Palantir 公司，就要求所有员工在就职前阅读这本书。

司泊林和约翰斯通鼓励导演及演员意识到跳出剧本的好处，让即兴表演成为一种主流表演形式。传统销售和非销售的销售工作也正朝着类似的路线发展，因为对剧本有利的稳定、简单、确定的环境，已经让位给对即兴发挥有利的动荡、复杂、不可预测的环境。

即兴发挥的 3 大原则

> 永远别想着让别人去做事情。那是强迫，毫无创造力可言。

即兴发挥看似混乱，但在此之下有一套轻型结构支撑着它的运作。理解这一结构，有助于你打动别人，尤其是在换位思考、积极态度和精彩框架等手法都未能实现预定目标的时候。在这种以及其他许多类似情况下，如果你能遵循即兴发挥的 3 大基本原则，你会做得更好：（1）听取对方的提议；（2）多说“是啊，而且”；（3）让你的搭档颜面有光。

倾听的终极奥秘，不听而听

即兴发挥对商业世界可不是个彻头彻尾的火星来客。华盛顿大学的凯斯·索耶（Keith Sawyer）、韦士敦大学的玛丽·克罗森（Mary Crossan）和曾在斯坦福大学执教的帕特里夏·瑞安·马德森（Patricia Ryan Madson）等学者都研究过即兴发挥适用的范围，并将这个概念应用到管理、创新和设计领域。但大多数专业人士尚未考察过销售领域内即兴发挥的可行性，尽管有一位年轻的学者说过，擅长即兴发挥的销售人员能激发好点子，迅速而轻松地整合变化，在销售中有效而令人信服地进行沟通。

忽视即兴发挥的原因之一，可能在于100多年来销售培训所留下的传统。从全美现金出纳机公司精心编写脚本的时代开始，人们就一直教导销售人员要“克服异议”。如果顾客不想买，那么你的工作就是颠覆她的看法，让她确信自己提出的问题并不存在，或是无关紧要。克服异议是所有正式销售过程的一个阶段。这种正式的销售过程往往分为如下阶段：勘探销售线索—确认潜在客户—进行陈述，“克服异议”恰好在这三者之后，“成交”之前。但如今的销售环境已经发生了翻天覆地的变化，改变他人看法可能不再那么重要，甚至根本就做不到。

即兴发挥无须克服异议，因为它建立在截然相反的原则之上。萨利特表示：**“即兴发挥的基础是听取对方的提议。”**

即兴发挥的第一个原则是听取对方的提议，以内外和谐为关键，让我们自己的观点寄居在他人的观点当中。为掌握即兴发挥的这一方面，我们必须重新思考平日里对倾听的认识，以及对提议的理解。

我们每一天都在倾听。据估计，倾听占了人们清醒时间的1/4，但尽管如此，我们对这一技巧的忽视程度却着实令人心惊。美国哲学家莫提默·艾德勒（Mortimer Adler）就曾写道：

有人学习过怎样倾听吗？这是多么有趣呀！人们总以为倾听的能力是大自然的馈赠，无须训练就可掌握。这是多么离奇呀！放眼整个教育人的过程，从来没有哪个环节是尝试帮助人们学习倾听的。

这也就难怪擅长倾听的人太少了。对我们许多人而言，**与“说”相对的并不是“听”，而是“等”**。当别人说话的时候，我们通常会把注意力分散到两个方面：他现在正说什么，我等会该说些什么。如此一来，我们将这两件事都做得很平庸。一些专业人士，甚至包括从事打动他人工作的人，干脆连等都不愿意等。在一项典型的研究中，研究人员发现，医生在看病期间，会在前 18 秒内打断绝大多数患者的自述，使得患者无法将自己的情况说清楚。

出于这个原因，萨利特强调，**擅长倾听的必由之路是放慢速度，闭上嘴巴**。我们会在另一个练习中学到这一点。

TO SELL IS HUMAN 全新销售案例

这个练习名叫“惊人的沉默”，跟我搭档的是一家电视台的高级主管，比我大 10 来岁。规则是这样的：一方必须向另一方透露一件对自己来说很重要的事情。听者要同说者保持目光接触，接着做出回应，但在说话之前，听者必须先等上 15 秒。

出乎我的意料，电视台主管很快就打开了心扉。他告诉我，经过 32 年的辛苦工作，他不知道自己该不该继续做下去，该不该就此离开“狗咬狗”的纽约媒体圈子。他说话的时候眼睛有些湿润，而我简直比先前和穿高跟鞋的化妆品美女副总裁站在一起时还要尴尬。

他说完以后，我必须做出回应，但现在还不行。我开始在脑海里倒计时，15，14，13……不能打破眼神相接的规矩……12，11……真痛苦啊……10……这档子疯事儿什么时候才能完呀？

终于结束了。但这 15 秒的时间长得让人感觉荒谬，而且跟之前的练习一样，让我产生了一种不安的亲密感。而这就是萨利特想要的东西。

没有一定的亲密感，就做不到真正的倾听；没有亲密感的倾听是被动交易式的，而不是积极参与式的。真正的倾听就像是大雨中在湿滑的公路上行驶，速度快了是会致命的，如果你想要赶到目的地，最好制动减速，偶尔踩踩刹车。培训结束后，萨利特在狭小的会议室里打开了一小瓶“禅意茶”，说道：**终极概念是要“不听而听”**。

这就是即兴发挥的奥妙。设想一个有两名演员在场的画面：第一个人坐在椅子上，手握无形的方向盘，对伙伴说：“千万锁好车门。”第二个演员不是为了听到什么而倾听，她就是那么听着。萨利特告诉我们，第二个演员在当时的作用是“吸纳别人说的每句话，视之为你可以有所作为的提议”。看不见的方向盘和“千万锁好车门”的指示构成了对方的提议，第二个演员必须接受它，并根据它进行发挥。也许她是出租车上的乘客，也许她是家用轿车后座的孩子，也许她的胳膊骨折了，没法碰到车锁，但她不听而听的能力是推动该场景向前发展的关键。

我们学会按这种更亲密的全新方式倾听之后，就能听见之前有可能错过的东西。而如果我们在打动他人的过程中用这种方式倾听，很快就会意识到，那些看似异议的东西，其实是披着伪装的提议。

举个简单的例子。假设你正为一家慈善机构筹集资金，希望你的妹夫贡献 200 美元。他可能会说不，但他恐怕不会只说这一个字。他会说："对不起，我没法给你 200 美元。"这就是一个提议，表示他或许可以捐个小点儿的数目。或者他会说："不行，我现在给不了。"这也是一个提议。这时最显而易见的做法是锁定"现在"这个词，问他什么时候更合适。而他的整个句子同样是提议，比如表示他可以以志愿者等形式来帮助你所在的慈善机构。萨利特说："提议有各种各样的表现形式。"可要找到它们，唯一的办法就是改变你的倾听方式，再改变你的回应方式。

让我们回到我和化妆品公司副总裁所做的镜像练习上。在那个环节，我们每个人所做的就是接受提议。我们不能表示反对（"不行啊，小姐，我没法用胳膊肘那么做！"），而只要我们接受了这些规则，就陷入了一场古怪而协调一致的芭蕾舞表演中。最后，铃声通知我们再次切换角色，这一次，我们的动作流畅得外人根本无法判断谁是领舞、谁是伴舞。这是即兴发挥第一大原则的关键。按约翰斯通的说法就是：**出色的即兴发挥就像是心灵感应，一切看起来都像是事先安排好了。这是因为，别人的提议他们一概接受。**

给生活多一点冒险，多说"是啊，而且"

我们每天在传统销售和非销售的销售中所见到的"拒绝的汪洋大海"，朝我们涌来了无数个"不""不""不"。但不知不觉中，我们同样也说了很多个“不”，从而把它们送回浪潮里。即兴发挥呼吁演员要注意这种行为，取而代之的是说“是啊，而且”。

就像是学习在转轮中心放置黏土的陶艺家，以及掌握适当抓地力的网球选手，学会说“是啊，而且”是即兴表演艺术家的基础。这是即兴发挥的第二项原则，它来自情绪浮力，尤其是积极情绪。

但这种积极情绪并非只是不说“不”，也不是简单地说“是”。“是啊，而且”包含着一种特殊的力量。这句话另有一句邪恶的双胞胎兄弟，叫“是啊，但是”。两相对比，我们能看得更加清楚。

几乎所有的即兴表演班，都有一套类似如下场面的练习。萨利特在培训课上并没有让我们那么做，但几个月之后，她来到我的办公室找我，为我做了示范。

TO SELL IS HUMAN
全新销售案例

练习中有两个人正在安排一场假想的聚会，如高中同学会。一个人先提议说：“我们的高中同学会在拉斯维加斯开吧。”之后双方的每一句话都必须以“是啊，但是”打头。对话通常会这样展开：

- “我们的高中同学会在拉斯维加斯开吧。”
- “是啊，但是，有些同学恐怕会觉得太贵了。”
- “是啊，但是，只有真心想去的人才会去呀。”
- “是啊，但是，我们班上有些同学可是不赌博的。”
- “是啊，但是，不要只是玩 21 点啊，还有好多事可以做呢。”
- “是啊，但是，就算不赌博，拖儿带女地到拉斯维加斯也不怎么合适。”

- “是啊，但是，同学会不带小孩更好啊。”
- “是啊，但是，要是找不到人照料孩子，有些人就来不了……”

规划过程翻来覆去，没有谈成一件事，也没有打动一个人。

接下来，两名参与者换用另一种方法，把具有破坏性的转折连词“但是”换成它更具包容性的同胞兄弟“而且”。这个版本是这样的：

- “我们的高中同学会在拉斯维加斯开吧。”
- “是啊，而且，要是有些人觉得这趟旅程太贵，我们可以筹些钱，或是组织公路旅行。”
- “是啊，而且，如果我们早点安排，可以按折扣价预订酒店。”
- “是啊，而且，对有孩子的家庭和不赌博的人，我们可以组织白天的活动。”
- “是啊，而且，如果来的同学足够多，我们可以集中资源支付保姆钱，这样有些家长就能抽身出去玩上一晚。”
- “是啊，而且，还可以一起去看演出。”

“是啊，而且”让对话不再呈现沮丧的下降螺旋，而是昂扬的上升螺旋，打开了许多前景。对话停止的时候，你有了一连串的选择余地，不会感到徒劳无功。

当然，生活里还是会有很多说“不”的时候。然而，当说到打动他人时，最好的默认位置就是上述即兴发挥的第二大原则，它的好处不仅限于销售方面。

萨利特说：**“‘是啊，而且’并不是一种技巧，而是一种生活方式。”**

合作双赢，让你的搭档颜面有光

罗态·费希尔（Roger Fisher）的重大贡献在于提出了“原则式谈判”（principled negotiation）概念，他主张谈判的目的不应当是让对方有所失，而是尽可能地帮助对方赢。这一设想很快演变出“双赢”理论，并改变了商业和法律教育领域的实践。在此之前，很多人都认为谈判是一场零和博弈，双方都想从馅饼上咬下最大的一块来。但费希尔的研究鼓励年轻的商学院和法律专业学生，以及组织内部不那么年轻的专业人士，要将谈判场合重塑为正和博弈，也就是一方获胜并不以另一方失败为基础。如果各方能纷纷从对方的立场洞察到自己的实际利益，创造互利互惠的选项，那么等谈判结束的时候，双方所得的都比开始时要多。

将费希尔的核心理念推广给更大的受众群体的史蒂芬·柯维（Stephen Covey），在 1989 年执笔了《高效能人士的七个习惯》（*The 7 Habits of Highly Effective People*），卖出 2 500 多万册。柯维列出的第四个习惯是“思考双赢”，而他也承认，培养这种习惯不容易，因为“大多数人从出生以来就被深深地植入了不是输就是赢的心态”。**但真正影响别人的唯一方法，就是运用人类在互动中不断寻找互利互惠的思维。**

在费希尔和柯维的影响下，“双赢”已成为世界各地组织的标准配置，尽管在大多数时候仅仅是一种姿态，而非常规实践。对这种言行脱节的解释之一，可以追溯到第3章中提到的剧变。在信息不对称的条件下，谈判的结果一般都是非赢即输，毕竟，既然我知道的比你多，那么击败你就可以得到我想要的东西。此外，由于信息不对称长久以来都是销售的既定条件，肌肉记忆会自然而然地带着我们朝那个方向前进。但随着信息对称或至少是接近这个状态的情况的出现，上述为适应不同的环境而进化来的本能便会把我们带上错误的道路。当买卖双方势均力敌时，比拼输赢就很难让任何一方获利，甚至会以两败俱伤的下场告终。

即兴发挥为我们带来了一种更新思路的方法：它跟费希尔和柯维有着同样的世界观，但做了新的定位，因为当今时代，我们听到了太多的“双赢”，却很少在现实中有所体验，于是对“双赢”也开始感到麻木。在凯茜·萨利特和第二城市剧团里，演员必须遵守如下规则：要让搭档颜面有光。**即兴表演艺术家们很早就明白，你若让自己的伙伴光芒闪耀，你们俩就能共同创造出更精彩的演出。**让搭档颜面有光，并不会让你显得糟糕；相反，它其实让你看上去更美了。它打破了二元化的非此即彼的零和心态，用一种慷慨的、具有创意和无限可能的文化取而代之。即兴发挥的第三大原则，即让你的搭档颜面有光，带来了头脑清晰并使之发挥作用，而这也是一种能力，让你找到从前没有人想到的解决办法。

为了说明这一原则，萨利特要我们换个新搭档。我的新搭档是一位 40 多岁的女士，人挺友善，为一家大型金融服务公司效力。

这轮练习叫“我很好奇”，我们选择一个有争议的话题，使正反双方都有理可讲，如“应当废除死刑吗”。接着，两人各选一个立场，并尝试说服对方接受自己的观点。对方必须回应，但好玩的地方出现了：对方只能用提问的方式回应。问题必须是真实的疑惑，而非换了个说法表达意见（“只有笨蛋才跟你一个想法，你不觉得闹心吗？”）；也不能是单纯的是非问题（“我才是对的，是吧？”）。如果我们的搭档违反规则做出陈述，或提了违规的问题，我们就摁响铃铛，告知整个小组。

我率先扮演提问者角色，我的搭档选了一个长久以来遭人遗忘的美国政治议题，而它碰巧是当天的头条新闻。

听了她的第一个主张后，我回应说：“是真的吗？”从技术角度讲，这的确算是个问题，但并不完全符合这次练习的精神。因此，我重新整理思路，提了一个真正的问题。

她给予回答，并扩展了论点。

我努力回想放慢速度的重要性，停下来深吸一口气，问道：“那……又怎么办呢？”

有所好转。

于是她转到另一条推理线索上。我根本没意识到自己在说什么，就立刻喘着气说："你一定是在开玩笑！"

叮!

游戏才进行了 4 分钟，我就一头栽进了禁区。

现在轮到她扮演提问者了。大概是因为看过我做得有多糟糕，她表现得更加灵活。每当我提出一个论点，她的第一反应都是："很有意思！"这种机动的方式每一回都给了她构思问题的时间，同时还让两人之间的氛围朝着友好的方向转变了。等她提出问题之后，我必须停下来，想好了，才会做出知性的回应。

这里的关键不是去赢，而是去学习。若是双方将两人的遭遇视为学习的机会，打败对方的渴望就会自动偃旗息鼓。我们已经在提问式自我对话和话术中见识过问题的潜力，它改变了交战的规则，改变了互动的性质，由此对话变得更像两人在翩翩起舞，而不再像摔跤比赛了。早在即兴发挥的手法大行其道之前，富勒制刷公司创始人阿尔弗雷德·富勒就已经凭直觉领悟到这一点。他曾写道：**"永不争论。赢了论点，就是丢了买卖。"**

较之富勒所处的时代，这个时代让你的搭档也就是你的销售对象颜面有光更加重要。从前，无良卖家并不太担心自己会让买家难堪，因为买家无处可去，也没人可诉苦。如今，如果你让别人难堪，他可以告诉全世界。但如果你让别人颜面有光，他也可以告诉全世界。

萨利特说：“在即兴表演中，永远别想着让别人去做事情。那是强迫，毫无创造力可言。你提出意见，接受意见，这样一来，对话、关系、场景，还有其他种种可能性，就全都呈现出来了。”

即兴表演是这样，传统销售和非销售的销售也是这样。如果你训练自己的耳朵，让它听得出意见；如果你以“是啊，而且”回应他人；如果你总是让对方颜面有光，那么种种可能性自然而然就会出现。

多一些即兴，少一些规矩

在回应之前先等5秒

1 900多年前，希腊斯多葛派哲学家爱比克泰德（Epictetus）说："大自然赐给人一个舌头、两只耳朵，好让我们听别人说话的时间比自己说话的时间多两倍。"遗憾的是，听进这句话的人并不多。

认真对待爱比克泰德的箴言，就能避免犯下前人犯过的错误。减小自己的说和听的比例，最简单的一个办法就是放慢速度。

指定这个星期的某一天是你的"缓慢日"，当你和别人说话时，开口之前先等5秒。每一句对话都要这样。这乍看起来很奇怪，而你的对话伙伴可能还会问你："难不成你最近脑袋被门板夹啦？"但多停几秒再回应，可以磨炼你的倾听技巧。这就类似吃巧克力，慢慢品尝（可不能狼吞虎咽）能改善你的味蕾。如果一整天的练习太长，不妨从略短的时间着手，如一个小时。

英国顾问莱妮·赫尼根（Lainie Heneghan）

大力宣扬自己的“激进倾听法”，并提供了一些方法以检验一个人是否慢了下来。你的对话伙伴把话说完了吗？他们是否已把观点完整地表达出来，未被你打断？在你开始说话之前，他们有空喘口气吗？放慢速度，能带你走得更远。

多说“是啊，而且”，多来一点冒险

“广告游戏”是即兴发挥的一个经典练习。方式如下：

挑选四五名参与者，请他们发明一种新产品，并为之设计宣传广告。当参与者提供产品功效证明、示范或口号的时候，每句话的开头都必须用“是啊，而且”，从而强迫自己在先前的点子上构建自己的想法。每个人都不能跟同伴唱反调，不能刻意忽视，不能提前计划。你只需说“是啊，而且”，接受前人的意见，并用它设计一场更精彩的广告活动。

“有些人喜欢说‘是啊’，也有些人喜欢说‘不是’，”基思·约翰斯通写道：“说‘是啊’的人获得的奖励是冒险。说‘不是’的人获得的奖励是安全感。”

试试“一次只说一个词”

这是即兴发挥的另一个经典练习，它有无数个变体，但我最喜欢约翰斯通的版本。规则很简单：6～8人坐成一圈，一起编故事。难点在于：每个人一次只能加一个字或词，而且只能在轮到自己时说话。

在《即兴续篇》（*Impro for Storytellers*）一书中，约翰斯通介绍了自己同两名伙伴一起创作的情形。他以“莎莉”（Sally）一词开头，接下来是这样：

——快……

——要……

（又轮到约翰斯通了，他决定来点热度。）疯了……

——因为……

——她……

——爸……

——想……

——把……

——马……

——放……

——到……

——她……

——的……

——马厩。

约翰斯通表示，“有些故事在一个句子之后就玩完了，但有些故事能有始有终。”不管故事进行得如何，这个练习都能很好地帮助你迅速思考，并让你的耳朵学会倾听。

善用提问的力量

在萨利特的所有练习中，我最喜欢的一个是“我很好奇”，它值得你一试。寻找一个搭档，选择一个有着两种截然不同立场的争议性问题，开始之前，先让你的搭档选择她的立场，之后你选择相反的立场。在她论证自己的观点时，你只能用问题来回答，不能陈述、不能反驳，更不能侮辱对方。

你的问题必须遵守 3 项原则：（1）不能是单纯的是非问题；（2）问题不能是隐晦地表达意见；（3）你的搭档必须回答每一个问题。

这个练习做起来比听上去难得多，但通过实践，你将学会如何借助提问来鼓舞和调动双方。

5 本书提升你的即兴发挥能力

《即兴：即兴表演和戏剧》：基思·约翰斯通著。如果说即兴表演领域也要有一位奠定思想基础的优秀革命家，那么这个人一定是约翰斯通。他的书并不是特别易懂，该书既是一本即兴表演指南，也是一本哲学书，但绝妙地抓住了即兴表演的基本原则。

《戏剧的即兴表演》：维奥拉·司泊林著。如果在即兴表演领域有一位展现创造力的夏娃（不过这里不需要亚当，也和诱惑无关），那她一定是司泊林。这本书问世于 50 年前，但其最新版仍然畅销，书里收集了司泊林的 200 多个即兴表演练习。

《创造对话：日常生活的即兴表演》（*Creating Conversations: Improvisation in Everyday Discourse*）：凯斯·索耶著。索耶是著名的创造力学者，在这本写于 2001 年的书中，他定位于我们的日常对话，指出这些一来一往的交流就像爵士乐、儿童的嬉戏和即兴表演的戏剧。索耶的另一本书《如何成为创意组织》（*Group Genius: The Creative Power of Collaboration*）[①]也很值得一看。

《即兴的智慧》（*Improv Wisdom*）：帕特里夏·瑞安·马德森著。

① 凯斯·索耶的《如何成为创意组织》揭开了从天才团队升级为创意组织的秘密，该书中文简体字版已由湛庐引进，四川人民出版社于 2019 年出版。——编者注

2005 年之前，马德森一直在斯坦福大学教戏剧，她在书里提供了 13 条即兴表演格言，以便于读者应用到工作和生活中。

《第二城市剧团即兴表演年鉴》（*The Second City Almanac of Improvisation*）：安妮·利伯拉（Anne Libera）著。这本年鉴既是娱乐史，也是即兴表演的指南，它记录了第二城市剧团的崛起。书里到处都是有趣的练习，关于表演的名人名言，还有许多知名喜剧演员年轻时的照片。

妙用自己的拇指

这是一项团队活动，你可以用它来创造一段难忘的时光。除了自己，你还需要至少两名参与者。

在大家两两组合后，让每对参与者“右手手指相互交叉，但都伸出拇指”。接着，给出如下指示，也是这个练习里唯一的一条指示：“让你搭档的拇指朝下。”接着保持沉默，让每对参与者自己完成任务。

大多数参与者会认为，这条指示的意思是让两人的拇指互相角力，但其实还有许多办法能让搭档的拇指朝下。他们可以礼貌地请求；可以先松开两人相交的指头，把自己的拇指冲着下方；诸如此类。

这个练习的教育意义在于，很多时候，我们的出发点是非输即赢、零和博弈的竞争思路，而不是双赢的正和博弈的即兴表演思路。在涉及打动他人的大多数情况下，我们可以有多种方法完成任务，而这些方法大都可以让我们的搭档在整个过程中更加光芒四射。

TO SELL IS HUMAN

THE SURPRISING TRUTH ABOUT MOVING OTHERS

09 切身服务，赋予意义

“服务”不仅指微笑，或是 30 分钟内送达，它有着更广泛、更深刻、更高尚的定义：改善他人生活，进而改善世界。这是服务的生命线，也是打动他人的终极奥秘。

在肯尼亚，如果你想从一个城市前往另一个城市，大概只能选择登上“小巴”（matatu），这是一辆 14 座的小型客车，也是该国长途交通的主要形式。可一旦你上了这辆车，就要做好担惊受怕的准备。在任何国家，开飞车的年轻男人都很危险，但在肯尼亚人看来，小巴司机尤其疯狂。就如同《化身博士》里的情节一样，平常脾气好、心肠热的肯尼亚人，突然变成了脾气暴躁、双目圆瞪、追求速度与激情的“恶魔”，把乘客和自己的生命置之度外。所以，肯尼亚的人均交通事故死亡率之高，在全世界数一数二。

在发展中国家，道路交通事故导致死亡的人数和疟疾相当。全球范围内，每年有近 130 万人死于交通事故，使得交通事故伤害成为世界第九大死亡原因。据世界卫生组织（WHO）预计，到 2030 年，交通事故将和艾滋病、糖尿病、战争和暴力并列为世界五大“杀手”。

肯尼亚等国也在呼吁对这一问题采取补救措施，它们可以是降低限速，修复危险受损的道路，鼓励使用安全带，安装减速带，严厉打击酒后驾驶等。此类措施可以减少很多可怕的事故，但同时也需要公共资金或严厉执法，而这两者在肯尼亚都属于短缺品。

于是，借助一次巧妙的实地考察，乔治敦大学的两位经济学家詹姆斯·哈比亚里马纳（James Habyarimana）和威廉·杰克（William Jack）设计了一种方法来整治肯尼亚的鲁莽司机。

TO SELL IS HUMAN
全新销售实验

哈比亚里马纳和杰克与拥有小巴的经营合作社合作，招募了 2 276 名小巴司机。他们把所有人分为两组，车牌尾号为偶数的车辆是对照组，尾号为奇数的车辆则参与一项独特的干预实验。研究人员在这些小巴里粘上了 5 张贴纸，写着英语和斯瓦希里语（肯尼亚的官方语言之一）的文字。一些贴纸上包含的字样如图 9-1 所示，意思是："他危险驾驶时别光坐着！站起来！说出来！快！"或者"嘿，如果他玩儿命开，你到得了吗？醒醒吧，稳住。说出来！"

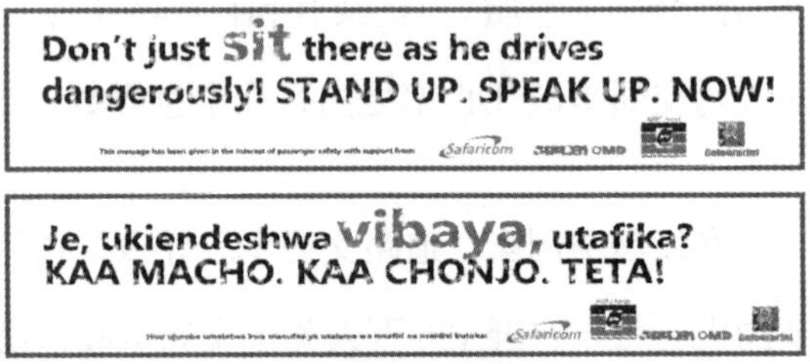

图 9-1　小巴贴纸

其他贴纸上还包括残肢断臂等清晰而可怕的照片。所有贴纸都是在要求乘客采取行动，即恳求司机放慢速度，在他玩儿命开车的时候大声抱怨、吓唬，直到他不再暴躁，而是心平气和地驾驶。研究人员戏称这一战略为"诘问和责备"。

接下来的一年里，研究小组发现，坐在有贴纸的小巴里的乘客教训司机的可能性，是没有贴纸的小巴乘客的 3 倍。不过，大声发表意见的乘客打动司机了吗？对出行的安全性有正面的影响吗？

为了找出答案，研究人员检索了为小巴承保的保险公司的索赔数据。结果发现：有贴纸的小巴的索赔总数比去年下降了近 2/3；重大事故（有人受伤或死亡）索赔数量下降了 1/2 以上。研究人员又对司机进行了后续访问，清楚地揭示出乘客的劝阻是事故率下降的原因。

换句话说，在小巴上加了几条贴纸，就比肯尼亚政府做出的其他努力挽救了更多人的生命，节约了更多的金钱。

在上述实验中发挥作用的机制（贴纸打动乘客，乘客打动司机）提供了一条有益的途径来让我们理解第三种也是最后一种说服技巧：服务。

归根结底，传统销售及非销售的销售都跟服务有关，但这种服务不仅指在顾客进店后向他们微笑，或是 30 分钟内送到比萨，虽说这两者在商业领域都很重要。相反，服务有着更广泛、更深刻、更高尚的定义：**改善他人生活，进而改善世界**。打动他人甚至能实现比交换资源还要伟大、长久的目标。如果我们遵循小巴贴纸获得成功带来的两条基本教训，做到这一点的可能性也会更大，那就是：**使之切身，使之有意义。**

我们为之服务的，是活生生的人

> 将打动他人的方法具体化、切身化，这不是为了让你表现出好心肠，而是为了把工作做得更好。

放射科医生的职业生涯相当孤独。很多医生大部分时间都要直接与患者互动，而放射科医生却大多独自坐在灯光昏暗的房间里，或是猫着腰对着电脑核查 X 光片、CT 扫描和核磁共振成像结果。隔离的环境让这些技术高明的医生对工作渐渐失去兴趣，而更糟糕的是，如果工作变得无关个人、机械味十足，则会削弱医生的业务表现。就在几年前，以色列一位年轻的放射科医生叶霍纳坦·特纳（Yehonatan Turner）灵机一动，想到了一个打动同行的办法，让他们能怀着更饱满的热情做好工作、发挥出更高的水平。

TO SELL IS HUMAN
全新销售实验

特纳和耶路撒冷沙尔戴克医疗中心的一位住院医生合作，在征得患者同意后，安排 300 余人去做 CT 扫描。接着，他邀请一组不知内情的放射科医生进行了一次实验。

等放射科医生坐到电脑前，准备调出患者的 CT 扫描结果进行评估时，患者的照片自动出现在了扫描片旁边。放射科医生在做好评估后，要完成一份问卷。所有的医生都提到“看了照片后，对患者的病痛更加感同身受”，从而对扫描片看得更细致了。但特纳这个点子的真正威力，在 3 个月之后才显露出来。

优秀的放射科医生和普通的放射科医生的一大能力区别在于，前者能够识别出所谓的“偶然发现”，也就是扫描片上医生一般没有注意到的、跟患者接受治疗的病情不相干的异常现象。

举个例子，假设我觉得自己胳膊断了，去医院照 X 光，那么医生的主要工作就是看我的尺骨是否出现断裂。但如果她在我的胳膊肘处看到一个不相关的囊肿，这就是“偶然发现”。特纳从附有患者照片的扫描片中选择了 81 张，而放射科医生在这 81 张扫描片中都曾识别出“偶然发现”。3 个月后，他将这些扫描片再次拿给同一组放射科医生，只是这一次不再附上患者的照片了。要知道，放射科医生每天要看大量的扫描片，而且也不清楚特纳在研究什么内容，所以，他们并不知道这些扫描片是自己已经看过的。

结果令人大吃一惊。特纳发现：当不附加患者照片时，放射科医生错过了 80% 的“偶然发现”。尽管医生看到的是和 90 天前完全相同的扫描片，但这一回，他们远远不如上次那么细致、准确。特纳对《科学日报》(*Science Daily*) 表示：“我们的研究强调的是，要把患者当成人，而不是一个匿名的案例。”

和我们大多数人一样，医生同样需要打动他人。但为了更好地完成工作，使人从伤病状态转变为健康状态，如果医生能对患者的病痛产生切身体会，那么表现会更好。不能把患者看成移动的症状展示柜，而要把他们看成活生生的人，有助于医生积极对待工作，对待患者的治疗。这并不是说医生和护士应该放弃必要的核查清单和治疗方案，但完全依靠掩盖了患者人性意味的流程和算法，也是一种临床失误。一如特纳的研究所表明的，为专业精神注入人性精神，可以提升医生的表现、提高护理的质量。特纳的研究工作结束后，该医院的巴氏涂片标本、血液检查和其他诊断书都附上了患者的照片。

医生如此，我们亦然。我们通过定义来试图打动他人的每一种情况里，都涉及另一个人，可我们往往打着专业的名号，忽视了人的因素，选择了抽象和疏离的立场。事实上，我们应当重新调整自己的方法，将其具体化、切身化，这不是为了让你表现出好心肠，而是为了把工作做得更好。肯尼亚的整体道路安全是一个抽象而疏离的问题，但在小巴上发动乘客去影响开车的司机，让这个问题变得具体而切身起来。一个人在房间里解读 CT 扫描片是一件抽象而疏离的事情，而在读 CT 扫描片时，让患者从照片上“瞪”着你，则让事情变得具体而切身起来。**不管是在传统销售还是非销售的销售领域，跳出解决难题的心态，换成为他人服务的心态，能让我们做得更好。**

使之切身的价值体现在两个方面。一是为了识别出你要提供服务的人，如想起 CT 扫描片后面是一个活生生的人；二是让自己成为所售产品或服务的后盾。关于第二点的具体例子，我不是在社会科学期刊或者放射科实验室走廊上看到的，而是在华盛顿特区一家比萨店的墙上看到的。

去年一个星期六的晚上，妻子和我家的两个孩子（我家一共有 3 个小孩）决定去尝试一家名叫埃尔卡农（Il Canale）的新餐馆。这是一家价格实惠的意大利餐厅，也得到了意大利朋友的推荐。上桌之前，我们要先等几分钟，因为我一直有不耐烦的老毛病，所以就在前台的小客厅里兜起了圈子。当我看到墙上挂着的餐厅老板朱塞佩·法鲁吉奥（Giuseppe Farruggio）镶在相框里的照片时，不禁停了下来。上面写着：我需要您的帮助！如果您在埃尔卡农就餐体验不愉快，请拨打我的手机：703-624-2111（见图 9–2）。

图 9–2　意大利餐厅老板的照片

法鲁吉奥从西西里岛来美国时年仅 17 岁，干的当然是销售的行当。他为肚子空空的食客提供新鲜的开胃菜、意大利面条和地道的那不勒斯比萨。但靠着这张照片，他把自己的服务从遥远的、疏离的变成了具体的、切身的。华盛顿可不缺卖比萨和通心粉的地方，而他却采取了一种特别大胆的做法。对法鲁吉奥来说，服务不只是在 29 分钟以内送到比萨，更是一丝不苟地响应顾客的诉求。

几个星期后，我向他问起他得到了什么样的顾客反馈，法鲁吉奥说，在挂出这张招贴后的最初 18 个月，他只接到 8 通电话。其中 6 通电话都是赞美，也可能是顾客想检验一下他的承诺是否真实有效。剩下的两通电话则是顾客投诉，法鲁吉奥也以此改善了自己的服务。

亲爱的读者们，要是你没有在埃尔卡农餐馆碰上糟糕的就餐体验（据我所知，这种情况几乎从未出现），请不要给法鲁吉奥打电话。他做这件事的重要性并不在于顾客的来电，而在于他想与顾客沟通信息。这也就是说，在比萨背后有一个人，正在关注着自己的顾客是否满意。

这就像是在 CT 扫描片旁附上患者的照片，改变了放射科医生的工作方式一样，把自己的笑脸和电话号码放在收银机前面，也改变了顾客在法鲁吉奥餐厅的就餐体验。我们当中有很多人喜欢说："我来负责。""我在乎。"但在为他人服务方面，我们当中恐怕没有几个人乐意坚定地说："有事打我的手机。"

法鲁吉奥这种让服务切身的方式已成为众多最成功的销售人员

的特征。布雷特·博尔（Brett Bohl）经营着一家销售医疗磨砂膏的网站，他给每一个购买自己产品的顾客都寄去了手写信；我们在第 3 章看到的汽车经销商塔米·达维什，把个人的电子邮件地址告诉所有顾客，并对他们说：“如果你还有任何问题或者疑虑，直接与我本人联系。”顾客也确实是这么做的，而当达维什给予回应时，他们也便认识到她诚恳的服务态度。

探寻意义，发现服务的生命线

> “服务”不仅仅是指微笑，或是30分钟内送达。相反，服务有着更广泛、更深刻、更高尚的定义：改善他人生活，进而改善世界。

美国的医院虽不像肯尼亚小巴那么危险，但也远远不像你想象得那么安全。每年，大约每 20 名住院患者中就有 1 人在医院受到感染，并由此产生可怕的后果：有 9.9 万人死亡，以及由此产生 400 亿美元的医疗支出。预防感染最具成本效益的做法，是让医生、护士及其他医院工作人员定期洗手，但实际上，美国医院里人们的洗手频率低得可怕。院方也曾做了大量努力让人们多洗手，但成效甚微，几至悲哀。

沃顿商学院亚当·格兰特的研究内容是第 4 章中出现过的中向性格，而这一次他决定亲自看看能否找到一个更好的办法来打动医院工作人员改变行为。他和北卡罗来纳大学的大卫·霍夫曼（David Hofman）共同进行了一项调研，尝试用 3 种不同的方法来解决这个非销售的销售挑战。

两位研究人员去了一家美国医院，并得到了在医院的 66 处肥皂和洗手液柜旁张贴告示的许可，持续时间为两个星期。1/3 的告示呼吁医院工作人员关注自我利益：

手部卫生可以让您
免于疾病感染。

1/3 的告示强调患者所受影响，即在医院工作的意义：

手部卫生可以让患者
免于疾病感染。

最后的 1/3 是一条爽快的口号，并充当对照条件：

打上肥皂，洗个干净。

在为期两周的实验开始之前，研究人员记录下肥皂和洗手液的重量，并准备在结束的时候再次称量，看看医院工作人员实际的使用量。结果显示，最有效的告示是第二条。格兰特和霍夫曼写道："较之强调对个人影响的告示……以及对照组的告示，在强调患者所受影响的告示旁，手部卫生产品的使用量明显更多。"

这个结果让研究人员感到很好奇，于是决定 9 个月后在同一家医院的不同单位检验该发现的稳健性。这一次，他们只用了两条告示，即强调个人所受影响的版本（手部卫生可以让您免于疾病感染）以及强调患者所受影响的版本（手部卫生可以让患者免于疾病感染）。

这一回，他们没有记录肥皂和洗手液的重量，而是招募了医院工作人员来做“洗手观察员”。两个星期里，这些观察员（研究人员并未把该研究的性质告诉他们）偷偷记录医生、护士及其他医护人员什么时候会碰到洗手的机会，以及机会来临时是否真的会洗手。结果，强调个人所受影响的告示仍然是零效果；但强调意义感将整体洗手率提高了 10%，且对医生作用更为显著。

巧妙的告示本身并不能消除医院的疾病感染问题。一如外科医生阿图 · 葛文德（Atul Gawande）[①] 所说，在这方面，检查清单和其他流程会很有效果。但格兰特和霍夫曼揭示的信息同样重要：“我们的研究结果表明，健康与安全信息不该强调自身，而要聚焦于公认最脆弱的目标群体。”

突出目标的意义，是一种最有力，也最容易被忽视的打动他人的方法。尽管我们大多以为，人的行为主要受个人利益驱动，但大量研究也证实，我们所有人都会出于社会学家所称的“亲社会”或“自我超越”的理由去做一件事。也就是说，我们不光要调动自己为别人服务，也应当调动他人内在的服务欲望。若是所做的事情有意义，就能带来更好的感同身受的效果。

① 阿图 · 葛文德通过在医疗领域的实践，掀起了一场“清单革命”。其经典著作《清单革命》已由湛庐引进，浙江教育出版社于 2022 年出版。——编者注

让我们举一个例子。由英国和新西兰学者组成的一个研究团队最近在另一种非销售的销售环境下进行了一组巧妙的实验。他们将被试随机分为三组，第一组阅读有关“拼车”对环境有益的信息，研究人员称这一组为“自我超越组”。第二组阅读有关“拼车”省钱的信息，这是“自私自利组”。第三组是对照组，阅读有关驾车出行的一般信息。接下来，被试填写了一些无关的调查问卷，目的在于打发时间，等他们完成问卷后，研究人员让他们自行解散，并扔掉手里剩余的纸张。被试有两种选择去扔掉纸张：一个标识明显的普通垃圾桶，以及一个标识明显的可回收垃圾桶。结果发现，第二组和第三组，即自私自利组和对照组中大约有一半的人把纸张扔进了可回收垃圾桶。但第一组，即自我超越组中则有 90% 的人选择了可回收垃圾桶。讨论一个领域（拼车）的意义，却使人在另一个领域（垃圾回收）做出了不同的行为。

更重要的是，格兰特的研究表明，意义对行为的提升不只体现在敦促人们洗手和回收垃圾等方面，在传统销售领域也有奇效。2008 年，他在美国一所大学的呼叫中心进行了一次有趣的研究。每天晚上，员工都会给校友打电话，为学校筹集资金。出于社会心理学家的习惯，格兰特将筹款员随机分为三组，并为所有人安排了相同的工作条件，只不过每一班次开工前 5 分钟的情形略有不同。

连续两个晚上，第一组筹款员阅读了从前在呼叫中心工作过的人的故事，故事里说，这份工作教给他们有用的销售技巧（如内外和谐、情绪浮力和头脑清晰），这是自利组。第二组则阅读了大学校友的故事，故事里说，靠着该呼叫中心所筹集的款项，他们获得了奖学金，得到了很大的帮助，这是意义组。第三组是对照组，他们阅读的故事跟个人利益或者意义都没什么关系。读完故事后，研究人员会提醒筹款员，不要在筹款过程中向对方提及刚才读到的故事。之后，筹款员就开始打电话了。

过了几个星期，格兰特观察了三组筹款员的业绩。较之以前没读过故事的时期，自利组和对照组锁定的款额承诺、筹集到的捐款数额大致相同。但意义组的筹款员简直就像进入了超速状态，他们每周锁定的款额承诺、筹集的捐款数额都翻了一倍多。

销售培训师们，请注意了。5 分钟的阅读练习让工作效率翻了一倍多。故事让工作变成了切身体验，故事的内容则让工作具有了意义。这就是服务的含义所在：**改善他人的生活，进而改善整个世界。这是服务的生命线，也是打动他人的终极奥秘。**

服务型销售，成为销售的艺术家

> 那些打动别人的人不是在操纵他人，而是在提供服务。高效率的销售人员不是叫卖的小商小贩，只为利润而生，销售是人之常情，它始于此，也终于此。

1970 年，66 岁的前美国电话电报公司（AT&T）中层管理人员罗伯特·格林里夫所写的一篇文章，引发了一场运动。在这篇名为《服务型领导》（*Servant as Leader*）的文章中，他用短短几十页篇幅，就把商界和政界的主流领导哲学弄了个天翻地覆。格林里夫认为，最有效率的领导者并不是精力充沛的英勇指挥官，而是不怎么起眼的谦逊人，有着为名义上的下属效力的强烈目标。格林里夫把这一概念称为“服务型领导”，并解释说，服务和领导这两个词的顺序，是把握其意义的关键所在。他写道：“服务型领导首先在于服务。成为服务型领导，首先要具备一种渴望服务、抢先服务的本能。而后，这一有意识的选择才能造就一个领导。”

领导者为追随者服务的概念，颠覆了传统金字塔的信念，让很多人感到不适应，但是格林里夫的哲学理念同样让很多人为之兴奋。接受这一理念的人学会了不为害，碰到任何问题都先聆听，接受并表示同情，而不是一味拒绝。随着时间的推移，星巴克、TD 产业（TD Industries）、西南航空（Southwest Airlines）和布克兄弟（Brooks Brothers）等公司都将格林里夫的理念融入自身的管理实践中；商学院也把格林里夫的文章加入了阅读书目和教学大纲；非营利组织等则向成员们介绍了这一原则。

服务型领导站稳了脚跟，不只是因为已经尝试过的人认为它有效，还因为这种方法也表达了人们对其他人的潜在信念，以及对自己的深层次愿望。格林里夫提出的领导方式比较困难，但也更具变革意义。他写道：“最好的检验方式，也是最难管理的部分在于，接受服务的人变得更有人情味了吗？他们在接受服务期间，变得更健康、更聪明、更自由，也更愿意为别人服务了吗？”

现在，让我们看看格林里夫的理念在销售领域的应用。我们称之为“服务型销售”。它始于如下设想：那些打动别人的人不是在操纵他人，而是在提供服务。这些人先服务，再销售。然而如格林里夫所说，最好的检验方式，也是最难管理的部分在于：如果你的销售对象答应购买，他的生活会有所改善吗？你们的互动结束后，世界会变得比这场交易开始之前更好吗？

服务型销售是当今打动他人的基础，而从某种意义上说，赋予销售应有尊重的人，就是一直在奉行服务型销售。例如，阿尔弗雷德·富勒（他的公司给诺曼·霍尔提供了一份出乎意料的职业）曾说过，在他事业的一个关键时刻，他意识到，先服务、再销售会让自己的工作变得更好。于是，他开始把自己设想成公民活动家，造福每个家庭的好心人，“向脏乱的厨房、不够清洁的房屋发起挑战”。他承认，这看起来傻乎乎的，但成功的卖家必须怀有一定的承诺感：自己的产品除了能卖钱，还能造福人类。真正的销售人员不是叫卖的小商小贩，只为利润而生，而是理想主义者，是艺术家。

真正的人也是这样。人和其他物种的区别就在于人们将理想主义和艺术性结合起来，渴望改善世界，为这个世界提供某种连它自己都不知道的缺少的东西。打动他人，并不需要我们忽视人类天性中那些高贵的方面，今天，它还要求我们投入这些高贵天性的怀抱中。记住，销售是人之常情，它始于此，也终于此。

始终奉行“先服务，再销售”

从“追加销售”到“追加服务”

销售行话里最可恶的一个词非“追加销售”（upselling）莫属。去体育用品商店买双基本款跑鞋，店员却总是想着让你买下货架上最贵的那双；去买台相机，柜台后面的家伙却怂恿你再带上一个没什么用处的相机包，或是一些你不想要的配件，要不就是你并不需要的延期保修。

可悲的是，许多传统的销售培训项目仍然在向人传授如何追加销售。如果培训教师聪明些，就一定会放弃这个概念和说法，以一个更友好、经实践检验更有效的概念取而代之：追加服务（upserve）。

追加服务意味着做一些超出他人预期或你最初目的的事情，通过额外的步骤把平凡的互动变成难忘的体验。“从追加销售转变为追加服务”这个简单的举动有一点明显的优势：它是在做正确的事。但它还有另一个格外有效的无形优势。

每当你受到无形的诱惑，要向别人追加销售时，停下来，改为追加服务。**不要额外索取，总想着让他们为你多做些什么，而是要增加你能为他们带去的东西。**

对销售提成进行反思

就算读完了这本书，你可能仍然认为，传统销售人员跟我们其他人不一样。你我都有着复杂的动机，有些动机还很高尚，但那些贩卖家用电器或家庭安全系统的人则没有，他们不一样，“投币才能运作”（这个说法我经常听说）。往“投币槽”里塞一枚一块硬币，他们就会为你翩翩起舞一阵子；钟点一到，你就得再塞一块钱，要不然他们就不跳了！这就是我们通常会靠销售提成来激励、补偿传统销售人员的原因。这是打动他们的最佳方式，说不定也是唯一的方式。

但如果我们错了怎么办？如果我们之所以用提成的方式主要是因为我们一直是这样的，那怎么办才好？如果这种做法根深蒂固，让人根本就不愿再去考虑其他可能性，该怎么办才好？如果它反倒阻碍了服务能力的进步，该怎么办才好？

市值已经达到65亿美元的美国半导体公司微芯科技（Microchip Technology）对这一传统认识已经有所怀疑。从前，该公司按行业标准支付销售队伍的薪资：60%的基本工资，加40%的业务提成。但13年前，微芯科技放弃了这种安排，改为90%的基本工资，10%与公司发展速度挂钩的浮动工资。结果怎么样呢？总销售额提高了，销售成本保持不变，员工流动率下降。自那以后，即便身处一个强手林立、竞争最为激烈的行业，微芯科技仍在每个季度都保持着盈利状态。

从葛兰素史克这样的跨国巨头，到俄勒冈州的小型保险公司，再到英国剑桥的软件创业公司，许多公司都对这一长期实践表示了怀疑，纷纷实施新的战略，并取得了很好的成绩。人们发现，以其他方式支付销售队伍的工资有很多优点，因为这样消除了员工出于自利而愚弄制度的问题，促进了协作（如果你是按我的销售业绩付我工资，凭什么我该帮你忙？）。管理者无须再花费大量时间和精力解决无休止的薪资争议，最重要的是，取消提成制度后，销售人员不再是客户的对手，而成了客户利益的代言人，他们开始专注而真诚地为客户提供服务。

那么，所有的公司都该放弃销售提成吗？不，但向固有传统发起挑战是件好事。一如微芯科技的销售副总裁告诉我的："销售人员与工程师、建筑师、会计师等人没有什么不同。真正优秀的销售人员渴望解决问题，为客户提供服务。他们希望参与超越个人小我的宏大事业，成为这项事业的一部分。"

永远像别人帮助了我们那样去做事

营销大师赛斯·高汀（Seth Godin）是我所认识的人里最有创意的一位。他用一种精彩的方式，解释了如何对传统销售和非销售的销售交易进行分类。他将之分为三类。

我们会认为，"嘿，伙计，我在帮你的忙呢"，或者认为"嘿，这家伙帮了我的忙呢"，或者认为"这笔交易谁都没帮到谁的忙"。

高汀表示，要是交易中的一方认为自己帮了对方的忙，但对方却没有做出回报举动的话，麻烦就来了。补救方法倒也简单，就是我们平常用来打动他人的做法："为什么不总是表现得好像别人帮了我们的忙呢？"

这种方法与内外和谐的素质有关，尤其是放低姿态，能提高换位思考的能力。一如服务型领导的例子，**打动他人最明智、最道德的方法，就是怀着谦卑之心和感激之情。**

试试“情商标示”

你大概已经注意到，本章引用的很多例子（如肯尼亚的小巴，埃尔卡农的比萨店）都跟标示有关系。标示是我们视觉环境中的一个必需要素，但我们的利用方式却往往不够成熟。

其中有一种比较好的办法，我称之为“情商标示”。大多数标示通常有两种作用：提供信息帮助人们，或宣布规则。但情商标示更进一步，它能借助“使之切身”和“使之有意义”这两条原则达成相同的目的。它对观看标示的人表示同情（这是切身的部分），或是触发观看者的同情，让其明白规则背后的道理（这是有意义的部分），从而打动他人。

下面为第一种情商标识举个例子，即使之切身。几年前，我和家人去参观纽约市的一家博物馆，到了没多久，几个小朋友就感到肚子饿了，我们只好把在博物馆参观的宝贵时间用来到处寻找餐厅。找到餐厅后一看，就餐的队伍排得就像一条长龙。我哭丧着脸，以为永远都排不到头了，但马上我的脸色就恢复了正常，因为我看到旁边有个告示牌（见图 9-3），上面写着：别担心！这个队伍速度很快！真的！

顿时，我的“压力激素”分泌水平降了下来。事实证明，等待取餐的队伍并不像我担心得那么长，在短暂的等待期间，我的心情挺好。设身处地地从排队人的角度出发（使之切身）放置告示牌，改变了人们置身其中的不佳体验。

图 9-3　餐厅告示牌

再为第二种情商标示举个例子，即使之有意义。在华盛顿特区，我来到离家不远的一个街区。在一个热闹的街角，巨大的草坪上坐落着一间小教堂，教堂周围有很多居民在遛狗。狗多、草坪大，就导致了一个显而易见（又难闻）的问题。为了避免这个问题，也就是打动遛狗人改变自己的行为，教堂本可以发布一张告知规则的告示，如图 9-4 所示（我把原来的告示修改了一下）：请收拾自家狗粪。

图 9-4　教堂草坪告示（一）

可教堂采用了一种不同的方法，张贴的告示全貌如图 9-5 所示：此处有孩童玩耍，请收拾自家狗粪。

图 9-5　教堂草坪告示（二）

教堂提醒了人们设立这条规则的理由，触动了遛狗人换位思考的能力（使之有意义），提高了人们遵照告示改变行为的可能性。

现在，我要给你布置一个任务：在你的工作环境或社区中找一块告示牌，修改其内容，使之更具情商。你要把它改得更好：让它变得更切身、更有意义。

像对待祖母那样对待每个人

主持照片研究的以色列放射科医生叶霍纳坦·特纳在接受《纽约时报》采访时说，他最初在解决自己工作不够切身的问题时，会假想每一张扫描片都来自他的父亲。

你可以借用他的这个简单技巧来打动他人。每一次与人接触时，都想象对方是你的祖母，这也是使之切身的终极方式。如果闯入你车库的不是什么陌生人，而是你的祖母，你会怎么做？如果你想打发去完成一件不愉快任务的员工不是个看似无足轻重的职场新人，而是你的祖母，你的行为又会有怎样的改变？如果你通过电子邮件往来的人不是一次性的合作者，而是会每年给你寄来生日贺卡、并塞上5美元的好心祖母，你又会表现出多大的诚意、多强的道德心？

脱去匿名的外衣，代之以切身的联系，你更有可能真诚服务。就长期而言，这有望提高所有人的福祉。

如果你心存疑虑，也可以试试如下改良版本。像对待祖母那样对待每一个人，但请假设祖母在微博上有8万粉丝。

随时提出并解答以下两个问题

最后，在你必须打动别人的每一个场合，不管是说服潜在客户购买新电脑系统的传统销售场合，还是说服女儿做功课的非销售的销售场合，一定要保证自己能够以真诚服务为核心，解答以下两个问题：

1. 如果你的销售对象答应购买，他的生活会有所改善吗？

2. 当你们的互动结束后，世界是否变得比这场交易开始前更好了？

如果你的答案是否定的，那么你肯定做了一件错事。

TO SELL IS HUMAN

译者后记

你可以想见我拿到这本书时有多发愁。明明是一本业内公认的好书，但一看名字却显得那么别扭。作者本人一定也察觉到了人们对待销售的这种微妙情绪，因此用了相当多的篇幅为之正名。

可我的顾虑还不仅在此：在中文里，与 sell 有关的词，始终略带贬义。举例来说，如果把 salesman 翻译成“推销员”，一定没法带给读者好的联想。虽说我国并没有美国那样的上门推销文化，但几乎人人都对强买强卖、连续施压，甚至是人海战术的“传销”“直销”很熟悉；更别说那种封闭式的传销组织，只要有人推销产品，便足可把身边的人吓跑一大半。至于真碰上了上门推销产品的人，绝对非奸即盗，万万不能开门。

出于这个原因，讲授有关“卖方”手法或技巧的中文商业图书，一般会用“销售”这个比较中性的词。但即便是“销售”，在我国语境下，带给人的联想也有古怪的气息：红包、勾兑、喝酒、幕后交易……事实上，“卖”这个字本身就暗含了天大的贬义。

不妨想想，这些词是怎么沾染上贬义气息的？传统“士农工商”的排位当然是一方面，但作者提出的观点其实也相当中肯：在信息不对称环境下，卖方占优势。中国自古以来是传统农业环境，信息闭塞，当然是走街串巷的买卖人占了便宜。所有与“行商走卒”相关的词汇都不怎么“正派”“地道”。

好在互联网的发展改变了这一切。如果要问在哪里买东西最“公平”、最“透明”，我敢担保，相当多的人会选电商吧！这里的公平，指的是一分钱一分货。换句话说，电商上买到的商品绝不见得都是正品，但一般而言，你花多少钱，就一定能买到价值与之相应的东西，劣质品卖高价的可能性较低。传统集贸市场痛苦的砍价环节消失了。

本书是一本侧重于“改变旧看法、探讨新思路”的书，引用各方研究文献较多。碍于译者水平，疏漏在所难免，如果各位读者在阅读过程中感觉译文理解有困难，还请见谅。另外，本书的翻译工作要感谢张志华、李佳、唐竞、李征、廖昕、向倩叶等长期和我共事的同仁。

阎佳
2013 年 6 月于成都

未来，属于终身学习者

我们正在亲历前所未有的变革——互联网改变了信息传递的方式，指数级技术快速发展并颠覆商业世界，人工智能正在侵占越来越多的人类领地。

面对这些变化，我们需要问自己：未来需要什么样的人才？

答案是，成为终身学习者。终身学习意味着永不停歇地追求全面的知识结构、强大的逻辑思考能力和敏锐的感知力。这是一种能够在不断变化中随时重建、更新认知体系的能力。阅读，无疑是帮助我们提高这种能力的最佳途径。

在充满不确定性的时代，答案并不总是简单地出现在书本之中。“读万卷书”不仅要亲自阅读、广泛阅读，也需要我们深入探索好书的内部世界，让知识不再局限于书本之中。

湛庐阅读 App：与最聪明的人共同进化

我们现在推出全新的湛庐阅读 App，它将成为您在书本之外，践行终身学习的场所。

- 不用考虑“读什么”。这里汇集了湛庐所有纸质书、电子书、有声书和各种阅读服务。
- 可以学习“怎么读”。我们提供包括课程、精读班和讲书在内的全方位阅读解决方案。
- 谁来领读？您能最先了解到作者、译者、专家等大咖的前沿洞见，他们是高质量思想的源泉。
- 与谁共读？您将加入优秀的读者和终身学习者的行列，他们对阅读和学习具有持久的热情和源源不断的动力。

在湛庐阅读App首页，编辑为您精选了经典书目和优质音视频内容，每天早、中、晚更新，满足您不间断的阅读需求。

【特别专题】【主题书单】【人物特写】等原创专栏，提供专业、深度的解读和选书参考，回应社会议题，是您了解湛庐近千位重要作者思想的独家渠道。

在每本图书的详情页，您将通过深度导读栏目【专家视点】【深度访谈】和【书评】读懂、读透一本好书。

通过这个不设限的学习平台，您在任何时间、任何地点都能获得有价值的思想，并通过阅读实现终身学习。我们邀您共建一个与最聪明的人共同进化的社区，使其成为先进思想交汇的聚集地，这正是我们的使命和价值所在。

北京市版权局著作权合同登记号　图字：01-2024-0499

本书法律顾问　北京市盈科律师事务所　崔爽律师

图书在版编目（CIP）数据

全新销售 /（美）丹尼尔·平克（Daniel H. Pink）著；闫佳译. -- 北京：中国财政经济出版社，2024.3（2025.11重印）
书名原文：To Sell Is Human
ISBN 978-7-5223-2552-1

Ⅰ. ①全… Ⅱ. ①丹… ②闫… Ⅲ. ①销售学 Ⅳ. ①F713.3

中国国家版本馆CIP数据核字（2023）第212348号

责任编辑：王　飏　　　　责任校对：胡永立
封面设计：ablackcover.com　　　　责任印制：张　健

全新销售
QUANXIN XIAOSHOU

中国财政经济出版社 出版
URL：http://www.cfeph.cn
E-mail:cfeph@cfemg.cn

社址：北京市海淀区阜成路甲28号　邮政编码：100142
营销中心电话：010-88191522
天猫网店：中国财政经济出版社旗舰店
网址：https://zgczjjcbs.tmall.com
唐山富达印务有限公司印装　各地新华书店经销
成品尺寸：170mm×230mm　16开　17.25印张　199 000字
2024年3月第1版　2025年11月河北第3次印刷
定价：99.90元
ISBN 978-7-5223-2552-1
（图书出现印装问题，本社负责调换，电话：010-88190548）
本社图书质量投诉电话：010-88190744
打击盗版举报热线：010-88191661　QQ：2242791300